ANDRÉE CHEDID

A la mort, à la vie

Nouvelles

Flammarion

A LA MORT,
A LA VIE

ANDRÉE CHEDID

A LA MORT, A LA VIE

Nouvelles

FLAMMARION

© Flammarion, 1992
ISBN 2-08-066730-0
Imprimé en France

« N'oubliez pas que vivre est gloire ! »

Rainer Maria Rilke
(sur son lit de mort)

L'ANCÊTRE
SUR SON ÂNE

pour Bernard Giraudeau

A califourchon sur son âne gris, de larges pantalons bistre serrés aux chevilles, les pieds dans des babouches en cuir jaunâtre qui décollaient sans cesse de ses talons, la chemise en grosse toile à manches longues sous un gilet de drap noir, un fez rouge légèrement penché à gauche sur ses cheveux qui s'éclaircissaient : c'est ainsi que l'ancêtre arpentait, vers les années 1860, les souks du vieux Caire, pour vendre ses bouchons de liège. Deux sacs, remplis à ras bord, étaient suspendus de chaque côté de sa monture.

Célibataire à plus de trente ans, Assad avait quitté son Liban natal depuis peu. La famine s'y annonçait. Les luttes tribales ou confessionnelles — débouchant sur des massacres sporadiques, puis sur des vengeances à longue portée — dénaturaient tous les rapports. Dénué de haine et d'esprit de clan, auxquels les siens cherchaient à le contraindre, Assad décida de s'exiler.

Emportant plusieurs balles de liège provenant des écorces de chênes de sa région, il embarqua sur un voilier en route pour Alexandrie.

Dès qu'il mit pied à terre sur ce sol étranger, Assad sentit naître en lui un instinct de débrouillardise qui, jusque-là, lui avait fait défaut. Il se dirigea vers la capitale, trouva facilement à s'y loger, et fit l'acquisition d'un âne qu'il nomma Saf-Saf. Ces syllabes sans signification, qui sonnaient tendres et vives, lui étaient venues spontanément aux lèvres. A partir de ce jour, Saf-Saf lui servit de boutique, de moyen de locomotion et de confident.

Son commerce devint un jeu. Tailler des bouchons de toutes dimensions exaltait son ingéniosité. Rencontrer d'autres commerçants, visiter leurs échoppes, échanger des informations, plaisanter autour d'une tasse de café ; offrir à son tour, d'un bocal ventru suspendu à sa selle, du sirop de mûre dans un gobelet d'étain qu'il faisait briller avec une peau de chamois, tout contribuait à son plaisir.

Dans son propre village, la population — accueillante aussi, mais plus hâbleuse, plus fanfaronne que celle d'ici — le rendait timide et silencieux. A l'opposé, il se sentait à l'aise parmi ce peuple d'Égypte, souvent misérable, mais rieur et bienveillant.

Lorsque les échanges se prolongeaient, Saf-Saf brayait, frappait le sol de ses sabots, soulevant des vagues de poussière. Assad le calmait avec des morceaux de sucre dont il avait les poches pleines. D'autres fois, pour le choyer, il ornait son cou d'une série de colliers à perles bleues destinées à chasser le mauvais œil. A cette superstition, comme à d'autres, Assad ne croyait guère.

Le soir, partageant avec son âne une chambre qui donnait sur une impasse malodorante, il se rattrapait en caresses, en paroles résumant ses journées :

— Saf-Saf, mon frère, que ferais-je sans toi! Notre négoce tourne si bien que j'ai déjà épuisé mon stock de liège. Il faut que j'en fasse venir de grosses quantités de mon village. Bientôt je doublerai ta ration d'avoine. Je m'achèterai un gilet neuf et d'autres pantalons.

Satisfait de son existence, Assad n'imaginait aucun autre profit à tirer de ses gains.

C'est alors qu'intervint un de ses coreligionnaires. Émigré depuis une vingtaine d'années, celui-ci — qui tenait au Caire un commerce d'orfèvrerie — lui proposa un placement.

— Un placement?

— Tu me confies une somme d'argent, et par saint Antoine je te déniche une juteuse affaire! D'ici peu, je te rends le double, peut-être même le triple!

L'orfèvre ne croyait pas si bien dire. Assad lui confia, avec reconnaissance, cet argent qui lui brûlait les doigts, et qu'il était sur le point de distribuer. L'homme lui acheta un terrain en banlieue, vendu à vil prix par un Turc dont les affaires périclitaient.

En moins de rien, ce terrain décupla de valeur. Muni d'une procuration, et touchant de larges bénéfices à chaque transaction, l'orfèvre revendit cette propriété pour réinvestir aussitôt la somme dans l'achat d'autres terres plus éloignées. Et ainsi de suite. Jusqu'au jour où Assad et lui-même se trouvèrent à la tête de quelques milliers de feddans[1] représentant une fortune considérable.

Indifférent aux progrès de son placement, Assad continuait de vaquer en toute tranquillité à ses occupations.

Un soir, apprenant l'étourdissante nouvelle, il eut l'impression qu'on venait de jeter un énorme rocher au fond du lac paisible de son existence !

A partir de là, comment agir ? Il ne pouvait plus ignorer la situation, ni son nouveau statut. Les voisins et les membres de sa communauté — il n'avait guère fréquenté ces derniers jusqu'ici, préférant se mêler à la population locale — se chargeraient de les lui rappeler.

Ses compatriotes comblèrent Assad d'égards. Insistant sur leur commune origine, ils découvrirent, fort opportunément, d'innombrables liens de parenté entre eux. Ils lui conseillèrent de s'établir au plus tôt, se faisant fort de lui trouver une épouse de même ascendance : chrétienne, à

---

1. Environ 4 400 mètres carrés.

peine pubère de surcroît. Chaque famille avait une fille en réserve à lui offrir. Assad abordait la quarantaine — un âge déjà avancé pour l'époque —, il était urgent qu'il songeât à faire de nombreux enfants qui deviendraient ses futurs héritiers.

Saf-Saf, ce soir-là, n'arrêta pas de braire sur un ton pathétique. Sucre, avoine, caresses ne parvinrent pas à l'apaiser. Il fixait son maître avec d'immenses yeux bruns noyés de tristesse, comme s'il pressentait pour tous deux un sombre avenir.

Il ne se trompait pas.

Du jour au lendemain, Assad se trouva en possession de vastes plantations réservées à la culture du coton et louées à de petits cultivateurs. D'autres terres attendaient d'être correctement exploitées.

Par un des premiers trains circulant en Égypte, Assad emmenait chaque fois Saf-Saf avec lui vers cette campagne lointaine. Ils y passaient de longues semaines, retrouvant le plaisir des balades et des échanges passés.

Les champs remplaçaient les souks, les chemins sablonneux se substituaient aux ruelles, les canaux d'eau boueuse évoquaient vaguement le grand Nil qui traverse la capitale.

Partageant avec les paysans leur repas au pied d'un arbre, écoutant leurs doléances et promettant d'y remédier, les visitant dans leurs masures, les rassemblant sur la terrasse de sa demeure après avoir tué le mouton en leur honneur, Assad éprouvait presque le même entrain, la même gaieté que jadis durant ses randonnées dans la vieille ville.

Au milieu de ces hommes, Assad — que sa richesse mettait mal à l'aise tant elle lui semblait un déguisement — se sentait moins exclu de sa propre peau. Saf-Saf, qui le transportait ou qui trottait à ses côtés, secouait joyeusement sa queue pour chasser les mouches, hochait la tête avec allégresse pour faire tinter la masse de ses colliers.

Ce bonheur ne pouvait durer !

Son épouse aux yeux verts, la plantureuse Asma, bientôt mère d'un fils, puis d'un deuxième, puis d'un troisième..., prit rapidement de l'ascendant sur son époux.

La belle-famille s'enorgueillissait de descendre d'une lignée de notables. Elle se vantait de domaines, de possessions, hélas perdus dans des luttes fratricides qui avaient mis à feu et à sang leur pays d'origine, les forçant à l'exil. Pour toutes ces raisons, la tribu familiale estimait que,

14

ayant consenti à une mésalliance en donnant une des leurs à un « vendeur de bouchons », elle ne pouvait pousser plus loin ses concessions. Chacun taxa la simplicité d'Assad de niaiserie : « Il a bien choisi un âne pour meilleur compagnon ! »

Son attitude ne pouvait qu'induire en erreur ces paysans ignares qu'il traitait comme des proches. Entre ses mains ineptes, l'exploitation agricole irait à sa perte. Il était donc de leur devoir d'assurer le bien-être d'Asma, de ces « chers petits » qui ne cessaient de naître, et de rendre inoffensif ce bougre : « Son ignorance est telle qu'il appose au bas des documents une croix et l'empreinte de son pouce en guise de signature ! »

On pria Assad — en l'intimidant par des arguments juridiques — de renoncer à ses séjours à la campagne pour s'occuper exclusivement des exportations de coton et de canne à sucre. Des bureaux seraient bientôt installés dans la cité. Il en assumerait la direction, épaulé — cela allait sans dire — par deux de ses beaux-frères et par l'oncle Naïm. Ce dernier, un vieillard despotique, avait été promu au rang de « patriarche » depuis le décès de son aîné, le père d'Asma.

La villa blanche, bâtie à l'italienne, avec porche en marbre, colonnades, balcons, possédait plus de vingt pièces.

Un grand jardin l'encerclait. Une tonnelle de roses trémières, du gazon toujours vert, des bosquets de rhododendrons, des arbustes de laurier, des parterres de roses, de glaïeuls, de chrysanthèmes, des bordures de capucines ou de pensées étaient constamment maintenus en état par les soins de trois jardiniers.

L'ensemble manquait d'arbres. Un seul, le banyan — déjà sur le terrain au moment de la construction —, avait été sauvegardé par l'architecte. Avec ses multiples racines, il occupait la partie est du jardin. Ses branches noueuses et séculaires servaient d'ombrage à Saf-Saf.

— Je ne veux pas que ce ridicule animal rôde autour de la maison et soit remarqué par les invités, grommelait Asma.

Attaché à une corde — qu'Assad avait pris soin d'allonger au maximum —, l'âne bridé, faisant mine d'oublier cette contrainte, trottait à tout bout de champ autour de l'arbre.

Dès qu'il apercevait son maître, Saf-Saf se campait devant lui et le fixait de ses yeux aimants. Pour se faire pardonner, Assad multipliait ses rations d'avoine, de sucre et d'accolades.

Pour certaines décisions, Assad ne transigeait jamais. Quoi qu'en pensent ses proches, il garderait toujours Saf-Saf auprès de lui. Laissant aux autres leur mode de vie, il tenait au sien, et s'y agrippait.

Il s'était fait bâtir une chambre-cellule reliée à la bâtisse principale par un étroit et long couloir. Peinte à la chaux, elle ne contenait qu'un lit, une chaise, une table. Punaisée au mur, une photo jaunie de lui-même à califourchon sur son âne — trimbalant les « sacs à bouchons » — évoquait un passé serein et enjoué.

Une porte-fenêtre ouvrait sur le banyan. De tous les recoins de sa pièce, Assad pouvait ainsi contempler d'un même coup d'œil l'arbre et l'âne.

Asma surnommait ce greffon « une immonde pustule qui défigure l'imposante demeure ».

En s'y dirigeant plusieurs fois par jour, Assad lançait :

— Maintenant, je rejoins ma bulle d'air frais. A plus tard !

Peu doué pour les affaires, et songeant à l'intérêt de ses enfants — malgré trois fausses couches, Asma lui en avait déjà donné huit —, Assad avait volontiers confié toutes les opérations financières aux membres de sa belle-famille.

Entre leurs mains, la fortune fructifiait. Les signes en étaient évidents : multiplication de la domesticité, arrivée d'une gouvernante autrichienne, d'un cocher albanais, réceptions de plus en plus fastueuses, location à l'année d'une loge à l'Opéra. Tout cela contribuait à classer les siens parmi les gens d'importance, à les introduire dans le « grand monde », à espérer de beaux et riches mariages pour leurs descendants.

Fascinés durant leur jeune âge par ce père fantasque, les enfants d'Assad se laissèrent peu à peu séduire par la famille maternelle, et par les avantages matériels qu'elle leur procurait.

Certains d'entre eux reprochèrent plus tard à leur père de ne pas soutenir l'ascension de la famille, et de se complaire dans l'évocation de souvenirs qui n'étaient guère reluisants.

Ils cessèrent de s'intéresser à Saf-Saf, de le caresser, de le nourrir, de grimper sur son dos. Les apercevant de l'autre côté de la pelouse, celui-ci brayait en vain pour retenir leur attention.

Ce n'étaient pas les ambitions des siens qui gênaient Assad ; ce qui lui faisait mal, et même l'horripilait, c'étaient leurs poses, et cette insupportable prétention.

Conscient de sa propre ignorance, il tenta sérieusement d'y remédier.

Le vieux maître Hazan, bossu et myope, lui rendit visite trois fois par semaine. Il traversait le jardin à petits pas, sa sacoche en grosse toile verte bourrée de livres sous le bras. Avant d'entrer dans la chambre de son élève, il prodiguait des caresses à Saf-Saf et lui glissait entre les dents un gâteau de miel.

Assad apprit à lire, à écrire ; il était attentif et doué. Après chaque leçon, Hazan lui récitait toujours un poème en le modulant.

Si donc tu me fais du bien, je saurai m'en rendre digne ; mais si tu n'en fais rien, je dirai quand même : merci.

L'homme intelligent,
s'il examine sans voile tous les biens de ce monde,
ils seront pour lui
un ennemi vêtu comme un ami.

— C'est d'Abou Nawass, lui soufflait-il, le poète rebelle aux cheveux pendants. Reprends après moi.

Assad répétait aussitôt.

Le lendemain, le maître citait :

Qui donc jamais se lassera de voir le souffle de la respiration sortir de sa propre poitrine ?

— C'était d'Al Maari, aveugle à quatre ans. Une autre fois :

— A présent, écoute, Assad. Écoute notre grande poétesse Al Khansa. Ses deux frères ont été tués dans la lutte contre une tribu rivale ; elle pleure leur mort :

> [...] Le siècle furieux
> nous a traîtreusement atteints.
> Il nous a transpercés soudain
> des coups de sa corne acérée.
> [...]
> C'est à présent que nous restons
> d'un rang égal aux autres hommes,
> ainsi que les dents alignées
> dans la bouche d'un homme adulte.

— Tu as bien entendu ? Ne dirait-on pas des paroles d'aujourd'hui ?

— Il est temps d'envoyer cette vieille bête mourir à la campagne, suggéra Asma, n'osant prononcer le mot « abattoir ».

La vue de Saf-Saf, symbole d'un passé minable, l'irritait de plus en plus.

— Si Saf-Saf s'en va, je pars avec lui !

Persuadée que son époux n'en démordrait pas, elle se hâta de changer de propos :

— Ce que je t'en dis, c'est pour son bien. Tu feras comme tu veux, mon cher.

Il fallait éviter le scandale. Les communautés chrétiennes étaient régies selon leurs propres rites ; la leur, d'obédience catholique, excluait le

20

divorce, tolérait mal la séparation. Mieux valait endurer les caprices de ce vieil original que de s'engager dans des procédures qui alimenteraient les commérages et nuiraient à la réputation des siens. En mère avisée, Asma n'oubliait pas qu'il lui restait des filles à caser.

Quelques mois plus tard, sans dire où il se rendait, Assad s'absenta toute une journée.

Le soir, en rentrant, il trouva son âne gisant sous l'arbre. Mort.

Devançant les désirs de sa patronne — qu'il partageait en partie —, Stavros, le cuisinier grec, l'avait-il secrètement empoisonné ?

Assad enterra sa bête au pied du banyan.

Il creusa lui-même sa tombe. Puis il installa le cadavre de Saf-Saf tout près des racines coriaces et livides dont la sève résiste au temps.

Depuis la mort de son âne, Assad disparaissait dans la journée pour ne revenir qu'à la nuit.

Il avait retrouvé le chemin des souks.

Trente ans s'étaient écoulés. Beaucoup de ses compagnons avaient disparu. Il en restait quelques-uns. Ils le reconnurent et lui firent fête ; aucun ne lui reprocha le silence de toutes ces années.

Le vieil homme fit la connaissance de Nina, la fille d'une Maltaise qu'il avait jadis aimée en cachette. Celle-ci lui rapporta les paroles de sa mère disparue :

— Elle me parlait de toi avec tendresse. Elle riait en me décrivant ton âne. Comment s'appelait-il ? Laisse-moi me rappeler... Saf-Saf, c'est ça ?

— C'est bien ça : Saf-Saf !

Leurs liens se resserrèrent.

Assad venait plusieurs fois par semaine. Ils savaient se parler ; ils apprirent à s'aimer, malgré la différence d'âge. A toute heure, se rendant chez Nina, il se sentait espéré, chéri.

Au bout de quelques mois, elle attendait un enfant. Assad l'adopta et veilla aux besoins du fils et de la mère.

Une fin d'après-midi, dans le fiacre qui le conduisait d'un lieu à l'autre, Assad rendit l'âme, dans un soupir.

A la villa, on s'empressa de décrocher du mur la photo jaunie qui représentait l'aïeul, le visage rayonnant, le fez sur le côté, à califourchon sur son âne.

Chez Nina, la même photo demeura, en bonne place, sur le guéridon en bois doré.

Pour effacer la mémoire de Saf-Saf et les

souvenirs qui s'y rattachaient, Asma et ses enfants firent abattre la chambre-cellule et le long couloir.

On abattit aussi le banyan.

L'énorme et terreuse cicatrice fut recouverte d'un large parterre de dahlias et d'iris.

Plus d'un siècle après — liés par mariage à des familles européennes de petite noblesse —, certains descendants d'Assad, adoptant les marottes en vogue, tentèrent de dresser leur arbre généalogique.

Très vite ils butèrent sur le tronc. Le découvrant obscur et indigent, ils se hâtèrent de le travestir.

Le « vendeur de bouchons » se métamorphosa en fils de gouverneur, promu à ce poste honorifique par l'Empire ottoman. Quant à l'âne, on le transforma en cheval ! Saf-Saf fut surnommé « Seif el Nour », ce qui veut dire « Épée de Lumière ».

Ainsi paré de richesses et de pouvoir, l'ancêtre, monté sur son destrier, pouvait dignement débarquer dans le port d'Alexandrie. Et, de là, partir à la conquête de nouvelles terres, pour lui et pour sa postérité.

FACE AU PRÉSENT...

pour Louis senior

« Moi, je vis au présent ! » Cette expression, ce dernier mot surtout confortait Wallace.

C'était, pensait-il, une manière efficace de se maintenir en éveil, en mouvement. D'exister. De gommer nostalgies, ressassements, habitudes.

La riposte — inattendue, bouleversante — allait se produire, ce soir-là, dans le métro.

Pour se rendre à Porte de Clignancourt, Wallace devait traverser tout Paris. Il s'y trouvait, en balade, en plein mois d'avril. Il avait accompli le même trajet près d'un demi-siècle auparavant, lorsqu'il était venu, juste après guerre, passer une année d'études à la Sorbonne.

Comme jadis, il se mit à compter les stations qui restaient à franchir avant l'arrivée.

Soudain, il ne savait ni pourquoi ni comment, il se trouva confronté au contenu du mot « présent » qu'il goûtait si fort.

A la seconde même, celui-ci se volatilisa !

Wallace se concentra, creusa au fond de lui-

27

même pour saisir le rythme, la pulsation de ce mot parti en éclats.

Mais le « présent » s'était, soudain, anéanti. Même furtivement, il ne parvenait plus à en prendre conscience.

C'était l'abandon, l'esquive. Ce « terme » n'avait plus de consistance. Plus de poids, plus de texture. Malgré l'application de Wallace, ses efforts répétés pour le surprendre, le retenir, il se dérobait comme une anguille.

Le présent avait-il jamais existé ?

Le même égarement qui s'emparait de lui lorsqu'il se représentait le cosmos, imaginant le système solaire et planétaire, l'incommensurable mystère de la vie, rattrapa Wallace, le plongeant dans le vertige.

C'était l'heure de pointe. Dans le métro, l'affluence était à son comble. Les strapontins relevés permettaient au flot des passagers d'investir tout le compartiment. Un instant, Wallace douta de leur existence, puis de la sienne.

Mais, sentant contre son dos, ses épaules la chaleur d'autres dos, d'autres épaules, percevant son souffle se mêlant aux autres souffles, se frottant aux parois des êtres et des choses, peu à peu il se reprit.

Il serra très fort dans sa main gauche une des

poignées d'appui pour éprouver la sensation thermique du métal. De l'autre main, il palpa sa chemise couleur saumon, en soie veloutée, qu'il s'était offerte pour le voyage, retrouva sous ses doigts le même plaisir : « Je suis là, je suis bien là », se dit-il.

Malgré cette assurance, le présent, lui, avait manifestement disparu ! Escamoté, comme une colombe dans le chapeau claque d'un magicien prodigieux : le temps.

Face à ce trou, à ce vide, à ce neutre, à cette illusion sur laquelle il étayait ses jours, Wallace voulut examiner à fond, durant les minutes qui lui restaient — le métro venait de quitter les Halles —, la nouvelle situation.

A peine suggéré, le mot « présent », dans un saut fabuleux, s'agglutinait au passé ; l'accroissant, le renforçant sans cesse.

Ou bien, à l'opposé, il faisait corps avec l'avenir.

Il n'y avait pas d'autre issue. Au risque de patiner sur un tapis roulant dont on ne mesure ni la vitesse ni la destination, il fallait opter pour l'un ou pour l'autre.

Il était d'abord urgent — le métro arrivait à Gare du Nord — de s'astreindre à l'idée que le « présent » n'était qu'une coquille vide, une bulle. Même pas une coquille vide, ni une bulle : celles-ci, au moins, possédaient un contour !

Avant tout, consentir à la notion que le présent n'était rien. Rien de rien. Ensuite, entre le passé et l'avenir : choisir son camp.

Il eût été inquiétant, en effet, de demeurer sans repères.

Le passé — mis à part l'Histoire —, son propre passé ne l'inspirait pas.

Bien que Wallace eût atteint pas mal de cibles au cours de sa longue existence, ce passé lui semblait exigu, anecdotique, absurdement subjectif.

De plus, la relation, par d'autres, de souvenirs vécus en commun était tellement entachée d'erreurs, entravée de sentiments personnels qu'il ne se reconnaissait guère dans ces rétrospectives marécageuses ou avantageusement éthérées.

L'« autrefois » se présentait comme une nasse, un miroir aux alouettes. Il avait préféré jusqu'ici l'enjamber, aller de l'avant. « Moi, je vis au présent ! » répétait-il. Mais celui-ci n'étant pas, n'étant plus, fallait-il, négligeant le passé, adopter l'avenir ?

Le sien, inutile de se le cacher, se rétrécissait, s'amoindrissait à vue d'œil.

Wallace en était là de ses réflexions lorsque le métro stoppa au terminus.

Il quitta la rame, escalada des marches et des marches. En cours de route, il se dit qu'il avait sans doute raté l'escalier mécanique ; mais y en avait-il un à Porte de Clignancourt ?

A la sortie, un jeune homme chevelu en blouson de cuir lui tenait la porte ouverte. Il se précipita, remercia ; regrettant du même coup de laisser derrière lui cette odeur très particulière des métros parisiens. Une odeur aigre-douce qui lui revenait par bouffées, là-bas, dans sa maison des bois.

Dehors, il acheta un journal au kiosque et attendit Pauline. Il arrivait toujours en avance.

Durant quelques secondes, il hésita entre le désir de la revoir et celui de s'engouffrer de nouveau dans le métro pour échapper à l'actuel visage de son amie ; celui-ci ne pouvant que, cruellement, masquer le visage de ses vingt ans.

Mais puisqu'il était venu de si loin pour ce rendez-vous, il décida de rester et de faire face.

De l'autre côté de la rue, Pauline appelait déjà :

— Hey, Wallace, Willy ! It's me.

Elle prenait les devants, craignant qu'il ne l'identifiât pas sous les ruines sournoises de l'âge. Lui se sentit soulagé d'avoir été si promptement reconnu.

— Pauline, Linou !

Il traversa la chaussée à sa rencontre.

— Tu es toujours aussi beau, dit-elle, l'embrassant légèrement sur la joue.

Il prit ses deux mains, les porta à ses lèvres, posa un baiser, comme il le faisait jadis, sur chaque poignet. Le bracelet qu'il lui avait offert était à son bras.

— Je le porte toujours.

— Le passé, soupira-t-il.

— C'est encore le présent.

Il fut tenté de lui faire part de sa récente expérience ; mais elle éprouvait tant de plaisir à ces retrouvailles qu'il ne voulut rien gâcher par des discours.

Il se pencha, lui ôta délicatement ses lunettes cerclées d'écaille, contempla ses yeux.

— Le même bleu, remarqua-t-il, satisfait.

Elle souriait. Lui aussi.

Entre eux, quelque chose d'indéfinissable était en train de se produire. Quelque chose qui jetait une arche au-dessus des années. Un frémissement du corps, une poussée du sang, qu'ils croyaient assoupis.

Ils en devenaient fascinants malgré leurs rides ; touchants en dépit de leur léger embonpoint.

Se tenant par la main, ils se dirigèrent vers leur ancien bistrot.

L'éclairage avait changé ; les propriétaires aussi. Les tables, avec leur plateau en marbre, leurs pieds galbés, étaient les mêmes.

Ils s'assirent, l'un en face de l'autre.

— Comme au passé, murmura-t-il.

— Comme au présent, reprit-elle.

Il eut de nouveau envie de lui dire ce qu'il venait de vivre. De lui dévoiler la réalité, ou l'irréalité, de ce mot, de cet état dont elle semblait, à son tour, abuser.

Il se retint une fois encore, demanda :

— Comment ont été toutes ces années ?

— Difficiles. Je te raconterai. Et toi ?

— C'est loin...

— Tu n'as pas changé, dit-elle, tu n'as jamais aimé que le présent. Rappelle-toi...

Il crut discerner un reproche dans sa voix ; quel événement cherchait-elle à évoquer ?

— On déjeune ? lança-t-il, esquivant la question.

— C'est sûr. Je suis libre. Et toi ?

— Moi aussi.

— Tu restes combien de jours ?

— Autant que je veux.

Ils partagèrent le pain, le vin, les rires.

A la fin du repas, un silence rempli d'allégresse avait tout envahi. Clients, décor se dissipaient dans la pénombre.

Débarrassé, le plateau de marbre était nu. Ils s'y accoudèrent, se regardèrent, longuement, fixement, au fond des yeux.

Si longuement, si attentivement que les saisons s'emmêlèrent, se confondirent.

Si longuement, si profondément que le présent devint soudain éternité.

EN ROUTE
VERS LE MOT

pour Annie Salager

Je barbote dans l'eau soyeuse et primordiale. Enrobé dans la tendre membrane, au tiède dans le ventre de ma mère, je flotte, au calme, dans le liquide amniotique.

Des vaguelettes me traversent. Mon corps se déplace dans une douce oscillation qui fait chanter mon cœur, ondoyer mes entrailles.

Ma chair se meut entre d'autres parois de chair. Cet espace, que je crois infini, est tout mon univers. J'ignore qu'il existe ailleurs, de l'autre côté de ce lieu, un monde bourré de pièges, saturé de limites.

Bientôt je déboucherai, tête la première, dans ce présent-là. Bientôt j'aurai un sexe, un prénom, un nom, une famille, un pays... Bientôt, j'appartiendrai!

En ai-je vraiment le désir?

Mû pourtant par une singulière ardeur, un matin de printemps je débarque en flèche dans un amalgame de sang et d'humeurs, au milieu d'un tohu-bohu d'exclamations et des flots de lumière.

Mon propre cri me transperce du bas-ventre à la gorge. Est-ce la déchirure, la scission qui s'est opérée d'avec un espace suave, pacifique, dont je viens brutalement de m'extraire ? Ou bien est-ce la joie, soudaine, aveuglante, d'accéder à l'éclatant et bref passage de la vie ?

J'aurai pour y répondre une existence entière...

Ne prévoyant ni ma précipitation ni cette poussée intempestive vers le dehors, le gynécologue s'était absenté pour une heure.

Aidée d'une bonne sœur à cornette, l'infirmière-chef m'accoucha en urgence. Elle avait failli perdre sa coiffe blanche, amidonnée, en forme de crête, perchée sur le sommet de son crâne. Elle la rattrapa d'une main ensanglantée, tandis que de l'autre elle soutenait — paume ouverte, doigts resserrés — mes fesses crispées et rabougries.

Le cordon ombilical, noué autour de mon cou, posa quelques problèmes. Je naquis violacé, au bord de la strangulation. Musclé, velu, je bataillais déjà pour mon souffle.

Ma mère, terrifiée de me perdre, me trouva d'autant plus beau. Elle entrevoyait déjà le plaisant bambin, aux cheveux d'ébène, aux yeux verts, que j'allais devenir.

Malgré mon visage ratatiné et violâtre, malgré ces poils qui, partant de ma nuque, descendaient comme une toison jusqu'à mes reins, mon père, jeune et beau, me trouva à son goût. Il remarqua mes épaules bien taillées, tâta mes biceps, mes mollets charnus, examina la solidité de mes chevilles, s'émerveilla de l'impétuosité de mes gestes. Anticipant notre avenir mutuel, il nous voyait tous deux amoureux du grand large, compagnons sur le même voilier.

Je ne raconterai pas les premiers mois. Ni les premiers émois. J'en viens tout de suite aux « mots ». Apprentissage crucial, devant lequel tout le reste pâlit.

J'y résistais, je me souviens. On me la tendait pourtant cette première parole, jour après jour, comme un mets succulent, une nourriture essentielle.

Vu mon entrain à remuer, à exister, les miens étaient persuadés que je m'emparerais de ce vocable sans tarder. Ensuite, espéraient-ils, je le leur restituerais comme un écho, encore maladroit, mais qui établirait entre nous une ordonnance, une complicité.

Leur demande était tenace ; mon refus ne l'était pas moins.

D'où venait ma résistance ?
Était-ce pour puiser, du tréfonds de mon être,

39

d'autres sonorités que celles qui tentaient de me saisir syllabe par syllabe, m'entraînant vers une piste codifiée, un domaine balisé, desquels je ne pourrais plus jamais m'écarter?

Était-ce pour m'évader d'un filet d'appartenances, qui figeraient, bâillonneraient, engorgeraient ce qui, en moi, frémissait encore?

Mes proches s'affolaient de ce mutisme. Mille contorsions, mille grimaces, mille caresses, mille promesses m'encerclèrent, me poussant vers mes retranchements.

A ces attentions succédèrent leurs angoisses et leurs peurs. Mes parents firent intervenir un pédiatre réputé. Celui-ci posa un diagnostic sévère et définitif.

Cet « arrêt » — scellant ma vie et celle des miens — me déplut. Surtout, je ne pouvais constamment résister à tant de larmes, à tant de désarroi.

Du jour au lendemain, je rompis avec mes silences, j'abandonnai, du même coup, ses terres fécondes déliées de toute annexion. Je m'engageai, d'un air résolu, dans le sentier articulé du langage.

Autour de moi, ce fut une explosion de joie. Leurs applaudissements, leurs vivats m'ont longtemps accompagné...

Plus tard, je me découvris un don salutaire : celui de transformer mes voies en passions, mes rêves en projets. J'acquis ainsi, d'étape en étape, la capacité de libérer sources et ressources de ce chemin obligé.

C'est ainsi, je crois, qu'un jour, dans mon jeune âge, j'abordai, fortuitement, la poésie.

Celle-ci m'enseigna le ressort et la détente des signes. Tirant le langage hors de ses ornières, elle refoula les routines, inquiéta les mots.

Endossant les contradictions de l'existence, ses déchirements, ses obscurités, elle m'apprit à étoiler les cendres, à bonifier la mort.

L'employant à contre-courant, à contre-pente, parfois à contresens — sans cesser de le chérir —, je m'efforçai de charger le verbe d'espace et de silences.

Dorénavant cette poésie me taillerait un sentier sans but. Un destin sans ancre et sans aboutissement, mais non dénué de sens.

Un parcours, à cibles provisoires, qui me garderait en souffle, de bout en bout.

LE CIMETIÈRE
DES LIBRES-PENSEURS

pour Anne Dubaquié

Si un jour je revenais au pays, je me dirigerais de nouveau, à pied, vers cette colline. D'une manière surprenante, incongrue, elle surgit à l'est de notre petite ville. Celle-ci niche au creux d'une plaine rocailleuse qui borde la Méditerranée. D'abord encerclée par des colliers de villas dotées de jardins, elle se hausse lentement jusqu'au « Grand Cimetière des Croyants », qui la chapeaute. Son gazon jaunirait dès le printemps, ses tilleuls s'assécheraient sous nos soleils besogneux si les soins appliqués d'un des gardiens, préposé aux arrosages, ne leur gardaient verdeur et fraîcheur.

Parfois, par curiosité, je gravissais la colline. Je prenais d'abord la route asphaltée, je me laissais distancer par les habitants de ce quartier résidentiel au volant de leurs limousines rutilantes comme des phoques. Klaxons et gaz d'échappement m'escortaient tout le long du chemin.

Plus haut, après une bonne demi-heure de

marche, j'atteignais le Grand Cimetière. Parvenue là, j'en faisais le tour, sans jamais y pénétrer. A la grille d'entrée noire, toujours fraîchement repeinte et surmontée d'une crête en cuivre étincelante, succédait un mur puissant aux pierres bien taillées. Par-dessus le solide enclos, j'apercevais les dômes ou les flèches qui surplombaient orgueilleusement les mausolées des notables.

Je n'ai franchi le seuil que plus tard, à l'occasion de l'enterrement d'Eugénie, ma grand-mère. Ce jour-là, une longue file de voitures s'alignait à l'extérieur ; je venais de descendre de l'une d'entre elles, entourée de ma famille.

Le caveau de mon aïeule ne ressemblait à aucun autre, une simple dalle le recouvrait. Cette sobriété singulière était due à la volonté de mon grand-père, précédemment décédé. Hostile aux vanités d'ici-bas, Gabriel l'était encore plus en ce qui concernait l'au-delà. « Nous retournons tous à la même terre ! Toutes ces fanfaronnades sont inutiles. C'est encore un moyen de nous aveugler, de nous séparer. » Cette décision allait à l'encontre du tempérament de son épouse, friande des biens de ce monde et du plaisir de les étaler. « J'ai épousé un cénobite », chuchotait Eugénie, clignant de l'œil. Le plus souvent, c'était elle qui imposait ses façons de vivre, que son époux acceptait par indulgence et par amour. Mais, s'agissant de la mort — qu'il jugeait comme un acte de première importance — et de cette affaire de tombeau, sa détermination fut inébranlable. Cette fois elle céda ; sans mal, car, même à soixante-dix ans, Eugénie ne pouvait imaginer sa propre fin. Elle en parlait du bout des lèvres, comme d'une fable, d'un leurre, d'une mésaventure qui ne pouvait en aucun cas l'affecter. Attachée aux rites de son Église, portant médailles et scapulaires, elle occultait tout affrontement avec sa mort. Exemptée du dernier face-à-face, elle mourut en toute inconscience et en plaisante compagnie. Devant sa table de jeu, avec un sourire de satisfaction à l'instant d'abattre un carré d'as : la chose advint, tout simplement. Elle glissa d'un monde dans l'autre sans consternation, sauvegardant ses illusions jusqu'au dernier souffle.

Je chérissais ma grand-mère. Malgré mes douze ans, je l'aimais comme on aime un enfant espiègle, capricieux et tendre.

Dès la première pelletée de sable, je quittai brusquement le lugubre entourage qu'Eugénie aurait, en riant, désavoué ; puis je m'échappai du cimetière. Dehors je glissai à l'oreille du chauffeur que l'on ne devait pas s'inquiéter, que je rentrerais seule, à pied. J'avais hâte d'emporter mes sanglots loin de ce théâtre de deuil, cérémonieux et figé.

Au lieu de la route habituelle piquant vers la ville, mes pas me conduisirent dans la direction opposée, vers le sommet de la colline. Je me laissai entraîner par chaque enjambée le long d'un morceau d'asphalte qui se transformait très vite en un chemin rétréci, poussiéreux, hérissé de cailloux qui rayaient mes chaussures neuves. Celles-ci comprimaient mes orteils, je n'en avais cure ; j'étais surtout préoccupée par le désir de soustraire le visage de ma grand-mère à une sombre destruction. Son ovale arrondi, ses yeux gris, vivaces, sa bouche gourmande et rieuse, légèrement colorée, s'accrochaient à ma mémoire pour survivre et s'évader des grisailles de la mort.

Je venais d'atteindre le haut du monticule. Je m'engageai ensuite dans une pente en colimaçon qui, filant vers je ne sais où, m'aspirait vers quelque chose d'attirant et de secret. Je hâtai le pas. Le sentier plongea, dériva vers un embryon de colline qu'il enserrait étroitement. Des pierres, des branches mortes le jonchaient ; à chaque mouvement je risquais de me tordre les chevilles.

A mi-chemin, je m'arrête devant une grille aux barreaux couverts de rouille ; des fils de fer entrelacés en bloquent l'ouverture. Ce verrouillage est dérisoire ; le mur d'enclos, grossièrement fabriqué, s'effondre en plusieurs endroits ; on peut pénétrer dans ce site à travers au moins une dizaine de brèches. Je m'introduis dans l'une d'elles, le cœur battant. Deux arbres aux feuillages anémiques m'accueillent sans solennité. Le visage d'Eugénie se volatilise, tandis que je crois entendre la voix de mon grand-père qui m'enjoint d'avancer.

J'enjambe un bloc de pierre, j'entre dans la place. Ici tout est laissé à l'abandon, à la nature, aux oiseaux ; sauf cette inscription. Dès l'entrée, sur un pan de mur encore debout, d'épaisses majuscules d'un bleu éclatant sont enluminées de quelques touches fluorescentes. Je lis : « Cimetière des Libres-Penseurs. » Je répète : « Cimetière des Libres-Penseurs », pour l'envolée de l'image et le plaisir des mots. Je me tourne ensuite dans tous les sens pour mesurer l'étendue du surprenant domaine.

Il doit être midi ; un soleil imperturbable tyrannise les lieux. Je n'aperçois personne alentour.

Je me promène, dégageant de-ci de-là des herbes folles, des fleurs sauvages coincées dans la pierraille. Aucune allée ne sépare les tombes ; elles sont une vingtaine qui semblent semées là par inadvertance ; certaines, enfoncées dans le sol, se remarquent à peine. Quelque chose d'aérien, d'apaisant se dégage de ce tertre. Chacun de ces morts a disparu humblement, sans garantie d'un au-delà. On dirait des exécu-

tants qui, ayant terminé leur partition, se reti-
rent sur la pointe des pieds, sans solliciter des
applaudissements ; sans forcer le chef d'orchestre à révéler les arcanes de son art.

Je m'agenouille pour dégager du sol un petit
rectangle de marbre portant une épitaphe ; la
poussière durcie voile le nom du disparu que je
tente de déchiffrer. Je gratte avec mes ongles,
nettoie avec mon mouchoir en boule, la première lettre apparaît : c'est un X. Ici, l'anony-
mat est de mise ; je regrette mon indiscrétion.
Mes frottements répétés ont dispersé une peu-
plade d'insectes et produit une débâcle dans leur
fourmilière. Leur remue-ménage me fascine un
long moment.

J'étais sur le point de me retirer lorsque je vis
apparaître, par une autre brèche dans le mur,
une longue silhouette en tailleur gris. La veste
stricte complétait une jupe à godets, en lainage
gris tourterelle, qui épousait chaque déplacement des jambes et soulignait la poussée du
genou. M'apercevant, la femme s'immobilisa à
quelques mètres d'où je me trouvais accroupie.
Je relevai lentement mon visage pour découvrir
le sien.

Elle eut d'abord un geste de retrait. Gênée de
me trouver dans cette étrange posture, je me
redressai en bredouillant :

— Je nettoie l'épitaphe. On ne voit même plus le nom.

— Vous le connaissiez ? répliqua-t-elle d'une voix brûlante.

— Non.

— Mais alors ?

Je ne trouvai pas de réponse.

— C'est la première fois que je rencontre quelqu'un dans ce cimetière.

Elle prononça ces mots sur un ton de regret, se rapprocha :

— Ne partez pas.

Un chignon bas pesait sur sa nuque étirée, flexible. Ses traits réguliers s'effaçaient au profit de ses yeux : immenses, verts, inquiets. Son teint pâle s'enflammait à chaque parole.

Je sentais qu'elle avait un urgent besoin d'échange et que, malgré mon jeune âge, elle me prendrait pour confidente.

— Je viens ici pour quelqu'un...

— Pour qui ?

— C'est un secret.

Craignant de me décourager, elle reprit très vite :

— Venez, venez, c'est par là. Je vous dirai tout. Vous saurez tout.

Frôlant de près les tombes éparses, je marchai dans ses pas. Elle s'arrêta enfin devant une dalle surmontée — c'était la seule — d'un buste en pierre.

— C'est lui, dit-elle, baissant la voix.

Le personnage avait une trentaine d'années. La vitalité du regard contredisait l'expression mélancolique des lèvres. Pour souligner la malice des yeux, le sculpteur avait peint les pupilles en doré. Il lui avait ajouté des lunettes qui miroitaient au soleil ; elles étaient si réalistes que je fus tentée d'en soulever la monture. Je m'aperçus que celle-ci, en pierre, faisait partie du bloc. Les verres étaient véritables ; l'un d'entre eux manquait.

La femme se pencha, passa son index dans le cercle vide et, d'un air préoccupé :

— Il faudra que je le remplace.

Elle parla ensuite à flots. Ses mots, longtemps retenus, dévalaient comme un torrent le long d'une pente abrupte. La présence de la jeune inconnue que j'étais ne semblait plus la gêner ; elle s'adressait, au-delà de ma personne, à sa propre image. Remontant le temps, elle annonçait à la fillette qu'elle avait été la tragédie qui marquerait plus tard son existence.

— Il faut te préparer, murmura-t-elle. Tout ce que l'on vit intensément vaut la peine, même la douleur. (Elle haussa la voix.) À condition que l'on aime, à condition d'être aimée.

Elle entama ensuite son récit. Sa famille l'avait mariée à seize ans à un homme de vingt ans son aîné. Elle décrivit ce milieu méditerranéen : des commerçants aisés, exubérants et généreux ; enferrés dans leurs croyances, leur mode de vie, ils n'avaient jamais cherché à les approfondir ; cette routine, ces conventions les rendaient souvent imperméables aux autres groupes sociaux, aux autres communautés religieuses qui peuplaient la région.

— Quelques années plus tard, je rencontrais Charles.

Elle fit un mouvement de tête en direction du buste.

Issu du même milieu, le jeune homme, qui avait son âge, avait abandonné les affaires pour se consacrer à la musique, à la traduction. Ses revenus baissèrent ; il ne s'en inquiétait pas. Grâce aux sons, à la métamorphose des mots, il traversait les barrières des langues et des pensées ; il s'ouvrit à un vaste univers, voyagea. Ayant goûté, durant quelques années, aux bienfaits de l'exil, il revint au pays.

— Je l'ai rencontré chez des proches. Au cours de la soirée, une discussion s'éleva. On l'attaqua, l'accusant de trahir les siens à force de vouloir comprendre les autres. La violence de leurs propos me stupéfia. On lui reprocha d'être sans foi, sans Dieu.

— C'était un athée ?

— Non, il était libre.

— Dieu existait-il pour lui ?

J'insistais, moi-même déjà soucieuse de cette interrogation.

— « L'existence ou la non-existence de Dieu

est un problème trop vaste pour l'homme, disait-il. Pour étouffer nos peurs, nous enfermons Dieu dans nos propres pièges, nous l'étouffons dans nos étroites vérités. Nous lui bâtissons des forteresses face à d'autres forteresses. Nous dénaturons sa parole, qui ne peut être qu'à tous, si elle est ! » Charles était un homme libre.

Elle me dévisagea :

— Tu es trop jeune pour comprendre... Tu es trop jeune, n'est-ce pas ?

— Je comprends...

Le mot « libre » chantait à mon oreille. J'ajoutai :

— Je serai libre, moi aussi. Un jour, c'est ici que je reposerai.

— Tu y seras la seule femme. A moins que, plus tard...

Elle recula et, d'un ton exalté :

— Son âme rebelle ne fut jamais prisonnière. De rien, ni de personne !

Je me tournai vers la statue ; j'avais l'impression que les yeux rieurs, le subtil sourire de Charles cherchaient à tempérer cette fougue.

Elle me le décrivit : pâle, chétif, presque chauve, de taille moyenne.

— Mais une flamme brûlait en lui, si forte, si douce. Elle m'accompagne toujours...

— Vous vous êtes aimés ?

Elle répondit dans un élan :

— Immensément !

Elle reprit, savourant chaque syllabe :
— Im-men-sé-ment !

Durant le long silence qui suivit, chaque herbe, chaque oiseau de passage, chaque insecte, chaque parole tue, se coulèrent lentement dans cet amour. Son chignon s'était graduellement défait. D'épais et longs cheveux noirs se dénouèrent sur sa nuque ; la femme ne fit pas un geste pour les retenir. Elle me parut très belle ; fortement présente et comme hors du temps.

Elle fit un effort pour reprendre le cours des événements : elle avait trois fillettes qu'elle adorait, un époux absent et sourcilleux. Un divorce en ce pays aurait été inconcevable, scandaleux ; on l'aurait séparée de ses enfants. Les amants se rencontraient en cachette, ce fut périlleux. Durant six années, le secret fut bien gardé.

Charles lui fit découvrir cet endroit. Sur cette colline du sommeil tranquille et de la fin naturelle de toute existence, il se sentait chez lui.

Jusqu'à cette rencontre, elle avait évolué dans un monde d'apparences, mais protégée, à l'abri. Il chercha à lui ouvrir les yeux sur les dures réalités de la vie et d'abord sur la mort, « mesure, affirmait-il, de toute chose ». Il célébrait pourtant l'espoir, la beauté. Il disait : « Il y a tant de beauté, de bonté sur terre. N'enterre jamais l'espoir ! »

La femme posa ses deux mains sur mes épaules :

— Toi, as-tu peur de la mort ?

Depuis cette matinée, j'avais mûri. La mise en bière, puis en terre d'Eugénie avait remué des idées dans ma tête. Soudain le visage de ma grand-mère m'assaillit ; je sentais ses baisers sur mes joues, son parfum de jasmin dans mes narines.

— Je déteste la mort. Je la déteste ! m'écriai-je.

— Tu veux dire la séparation ?

— C'est ça, la séparation ! Pour le reste je ne sais rien. Mais pourquoi faut-il quitter la vie ?

— Charles aimait la vie, mais il était sans illusions. Il acceptait de la perdre. Il ne refusait que le mépris, la haine, la violence. (Elle baissa la voix.) C'est par la violence qu'il est mort.

— Comment ? De quelle façon ?

Elle porta une main à son front, chancela, avant de s'asseoir sur une grosse pierre mal équarrie.

— Approche.

Je m'assis sur le sol, à ses pieds. Elle était inquiète, indécise ; et soudain :

— Tu es ma dernière chance. Je pars demain. Nous émigrons très loin, avec toute ma famille. C'est à toi que je confie Charles.

Je m'étais débarrassée de mes chaussures, j'avais ôté mes chaussettes ; les talons dans le sable, le menton dans les mains, j'étais à l'écoute.

— L'histoire a dévasté nos existences. Du jour au lendemain, des frères, des proches se sont divisés, jugés, exécrés. Dans ce monde devenu fou, Charles essayait de ramener la raison. Un matin, il s'interposa entre deux camarades de la veille, devenus des partisans exacerbés, des ennemis. Leur colère se tourna contre lui. Charles fut atteint d'un coup de couteau. Il agonisa durant deux jours. Je n'en ai rien su.

Elle termina sa phrase dans un sanglot ; reprit, les yeux absents :

— Je ne l'ai appris qu'une semaine plus tard, par un homme simple et secourable devenu notre frère. Depuis que les combats sporadiques se succédaient, nous avions des difficultés à nous rencontrer ; l'échoppe de ce cordonnier, notre ami, nous servait parfois de refuge. Il vivait seul. Il sculptait pendant ses heures de loisir. C'est lui qui a fabriqué ce buste de Charles.

— Ça lui ressemble ?

— Oui et non... Cet air grave, cet œil malicieux, c'est bien lui. Ses traits étaient plus fins. Ses lèvres plus pleines.

Je la sentais au bord d'un gouffre. Elle se pencha, me caressa les cheveux :

— Quelle chance que tu sois là ! Un hasard, un signe, à la veille de mon départ. Tu es si jeune, mais je peux tout te dire, je le sens, je le sais. J'étais venue pour la dernière fois, je voulais enfouir sa lettre dans la terre.

Elle tira de sa poche un billet minuscule qu'elle me tendit :

— Maintenant j'ai quelqu'un à qui la donner... Garde-la pour moi. Tu peux la lire.

L'écriture était claire, bien tracée.

— Lis à haute voix.

— « Tout est bien, ne souffre pas mon amour. Notre passage sur terre est bref. Je l'ai vécu pleinement, grâce à toi. Demeure vivante. » Il savait que c'était la fin ?

— Il le savait. Notre ami a été auprès de lui jusqu'au bout. Il est mort sans peur, sans colère. Il disait qu'un jour les hommes cesseraient d'être aveugles.

— Vous le croyez ?

— Il faut le croire. Pour survivre il faut le croire.

Elle reprit avec calme :

— J'entends sa voix : « Je ne suis pas ici, je ne suis nulle part. Sauf dans le souvenir. »

— Il sera aussi dans mon souvenir.

Elle m'ouvrit les bras, m'embrassa :

— Adieu petite, je dois partir... Je n'avais parlé à personne avant toi. Je te remercie.

Elle s'éloigna, longue, svelte ; sa jupe gris clair s'enroulait avec la même souplesse autour de ses jambes. En marchant, elle remonta ses cheveux, refit son chignon, le fixa avec ses grosses épingles d'écaille. On aurait dit une danseuse quittant petit à petit une scène dont j'aurais été l'unique spectatrice.

Elle se dirigea vers le mur. Me désignant l'inscription « Cimetière des Libres-Penseurs », elle cria à tue-tête, d'un air presque joyeux :

— Je la repeins souvent pour que les lettres brillent au soleil. Veille à ce que ce soit toujours beau !

— Je veillerai !

Elle croisa ses deux bras en l'air pour un dernier signe d'adieu. Je fis de même. Puis elle sortit comme elle était entrée, par la même brèche.

Avais-je rêvé ? La disparition de ma grand-mère m'avait sans doute mis la tête à l'envers. Je cherchai au fond de ma poche le billet, preuve tangible de ce que je venais de vivre. Je ne trouvai rien ! Rien non plus sur le sol, à l'endroit où nous nous étions assises.

Troublée, désemparée, je quittai les lieux. Plusieurs heures s'étaient écoulées. De retour à la maison, on me harcela : où avais-je été durant tout ce temps et pourquoi ce retard ?

— Je voulais rentrer seule, à pied.

— Durant près de trois heures ?

— En route, je me suis assise et j'ai pleuré.

Ils m'entourèrent, me consolèrent, m'offrirent des friandises. Tous savaient combien j'étais attachée à ma grand-mère.

— Tu la retrouveras au paradis !

Leur assurance, leur crédulité m'irritèrent.

— Quel paradis ? De quoi parlez-vous ? C'est comment, votre ciel ? Quel sera l'âge, le visage d'Eugénie ? Est-ce que je la reconnaîtrai ? Et moi, saura-t-elle qui je suis ? Aurai-je un an, douze ans, trente ans, cent ans ?

Je les submergeais de questions à mon tour. Ils mirent ma véhémence sur le compte de la fatigue et du chagrin. A plusieurs, ils me portèrent jusqu'à ma chambre, me déshabillèrent, m'étendirent sur mon lit.

Réveillée à l'aube, je me demandai si je n'avais pas imaginé cette promenade, cette rencontre. Je résolus d'aller voir si le cimetière existait.

Si je le découvrais, il me resterait à retrouver les traces de la visiteuse. N'avais-je pas, par soif d'amour, inventé toute cette histoire de mort et de passion ?

Quelques heures après, de façon inattendue, mon frère m'apporta une enveloppe brune et, d'un air moqueur :

60

— Tu reçois des lettres à présent ? Tu as déjà un amoureux ?

J'étais aussi stupéfaite que lui.

— Il y a quelque chose de dur à l'intérieur. Ouvre vite !

Je repoussai mon aîné et me précipitai dans ma chambre. Je fermai la porte derrière moi, à clé. Haletante, je déchirai l'enveloppe.

Elle contenait le billet de la veille, accompagné d'un mot : « J'ai emporté la dernière lettre de Charles par distraction. Elle est à toi. Je te la rends. »

Plusieurs couches de papier de soie enveloppaient un mystérieux objet. Je les écartai fébrilement et finis par découvrir un verre de lunettes !

Dès le lendemain, le verre en poche et munie d'un tube de colle, je me rendis au cimetière.

Charles souriait de ma manœuvre pour remplacer le verre manquant. Soudain, sous le soleil allègre, ses yeux étincelèrent comme jamais.

Les années ont passé. A mon tour je suis partie pour un autre pays, un autre continent. Charles et son amie m'accompagnent toujours ; ainsi qu'Eugénie. Tous ces morts, tous ces vivants que je ne cesse d'aimer !

Cette parcelle de terre, humblement dissimulée derrière l'orgueilleuse colline des Croyants, m'escorte aussi. Ce petit lopin de terre avec ses arbres dépenaillés, ses oiseaux chanteurs ; avec son air à la fois raisonnable et frondeur, hardi et tempéré.

L'ERMITE DES MERS

pour Jean-Pierre Siméon

Depuis plus de quarante ans, j'habite ce vieux phare en pleine mer, à cinquante kilomètres de la côte.

Après le malheur qui me terrassa — et que je raconterai peut-être un jour —, répondant à une annonce d'un journal local, je suis devenu le gardien de cette tour, à l'âge de trente-deux ans.

Cet îlot vertical, composé de blocs de granit, est amarré au sol, à vie. Ses racines de pierre et de terre me permettent de « prendre le large », sachant avec certitude que je peux revenir en terrain solide et sans cesse retrouver une ancre après mes échappées.

Vers l'extérieur je ne m'aventure guère, sauf pour courir une dizaine de fois autour de l'énorme socle afin de me maintenir en souffle et bonne santé. De l'intérieur, par un escalier en calimaçon, j'accède, au bout de trois cent vingt-cinq marches, à un étroit balcon qui encercle, comme un collier, la tête de mon phare.

Fasciné par la chute ou l'ascension du soleil, j'y déambule à chaque aube, à chaque crépuscule, quelle que soit la saison.

Durant la journée, je ne chôme pas. Mon existence regorge de tâches pratiques. Tout d'abord, il me faut veiller au bon fonctionnement des lentilles de cristal, les nettoyer et sans cesse les polir. Elles sont l'âme, les yeux, la raison de ce phare. L'éclat blanc qu'elles lancent, toutes les quinze secondes, est l'indispensable guide des navigateurs ; souvent aussi des pilotes de la nuit.

Je maintiens en état de propreté les escaliers, les étages, ma chambre, mon atelier, mes placards de cuisine. L'été, j'entreprends une sérieuse chasse aux cafards ; ces bestioles préhistoriques qui ont allègrement traversé les siècles pénètrent jusqu'ici par je ne sais quel mystère, quelles souterraines galeries.

Deux éoliennes, alimentées par les vents, rechargent, sous ma surveillance constante, une série de batteries.

Je me serais volontiers passé de l'antique téléphone à manette, que je n'utilise jamais. Une radio usagée, mais encore en état de marche, maintient, en cas de nécessité, un lien avec ceux du continent.

Chaque trois mois, un chalutier me ravitaille.

Nous avons mis au point, entre l'embarcation et un énorme rocher à l'entrée du phare, un système de cordes tendues et de solides crochets. La livraison de denrées et de journaux, dont je

66

suis particulièrement friand, serrés dans des ballots, même le remplissage de ma citerne d'eau potable s'opèrent sans trop de difficultés.

Les marins mettent rarement pied à terre ; on dirait que ma solitude les trouble. Quand ils le font, nous échangeons très peu de paroles. Une fois, l'un d'eux m'a demandé si cet isolement ne m'était pas trop pesant.

— Ça me convient, ai-je répondu.

— Tu aimes la mer autant que ça ?

— L'eau est là, on va la voir, jour après jour. On finit par ne plus pouvoir s'en passer.

Ils repartent, à moitié satisfaits de mes réponses. Avant de disparaître, ils crient :

— Appelle-nous quand tu manqueras de vivres !

Jusqu'ici cela ne m'est jamais arrivé ; j'ai l'impression d'avoir une quantité de provisions d'avance.

Ma modeste paye suffit à mes besoins. De quoi pourrais-je manquer ici, perdu en plein océan ?

Le corps, je l'ai appris, se contente de peu. L'œil, braqué sur le large, perd de plus en plus le goût de toute possession et se dépouille de convoitise.

Dans la pièce principale du phare, située à mi-hauteur, j'occupe mon temps libre à une fresque. Commencée il y a près de vingt ans, j'espère la terminer avant de mourir ; il me reste à combler un espace de cinquante centimètres de large sur quatre mètres de haut.

L'ensemble forme une suite d'images bizarres qui épousent l'arrondi du mur. Sur un fond de mortier humide, j'incruste des galets, des coquillages, des algues sèches, des mollusques durcis, de la rocaille, des bouts d'épaves...

Sans savoir exactement où je vais, j'éprouve un extrême plaisir à poursuivre cette besogne, à la fois follement libre et parfaitement gouvernée. Cette course vers une destination inconnue, cette quête s'accompagne d'un minutieux travail artisanal et d'une sérieuse connaissance du matériau employé. Divers, hétéroclite, celui-ci doit, obligatoirement, se fondre dans l'ensemble.

Bien qu'au loin, je ne m'écarte jamais de l'actualité. Les journaux, que je découvre chaque trimestre, me livrent leur masse de nouvelles. La guerre continue de sévir ; les violences, les massacres, les crimes. Les idoles se fracassent. Les révolutions se pervertissent. L'art transperce les terreaux. Les découvertes se multiplient. Les formes se métamorphosent. L'homme a-t-il réellement changé ? Nos connaissances s'accroissent, mais la question primordiale de notre venue, de notre absence au monde sera-t-elle jamais résolue ?

Aucune action de notre époque ne m'indiffère ; j'ai même l'impression que les événements qui me sont transmis à travers ces lectures pénètrent par des voies mystérieuses dans la trame de ma composition. Je garde ainsi le sentiment que ce travail de fourmi débouche sur un univers plus vaste, dont les souffrances, les ressources et l'énigme me lient à tous mes frères de la planète. Illusion, peut-être ? Mais elle me conforte et m'anime.

Je travaille à ma fresque avec régularité. Ensuite, durant quelques semaines, je m'en absente, pour la reprendre plus tard. Comme si, habités par un rythme secret, nous éprouvions, elle et moi, un besoin d'échange, puis de silence, puis d'échange à nouveau...

Navigateur immobile, je suis tombé amoureux de cette mer. Elle n'était d'abord qu'un refuge, elle est devenue une passion.

Nous nous sommes mutuellement apprivoisés.

Par beau temps, elle lape mes rochers. Lorsque la houle monte, elle dépose sable, varech, coquillages au pied de ma lanterne comme une offrande, avant de se retirer.

Je veille sur elle et sur tous ceux qui la sillonnent. Avec ma longue-vue, je reconnais de loin chaque embarcation : voilier, chalutier, cuirassé, porte-avions, paquebot, caboteur, pétrolier, cargo, remorqueur...

Lorsque les rayons de mon phare fouettent le ciel pour les guider, leur éclat enlumine les flots.

Phosphorescente, la mer ondoie sous leurs caresses pour se faire mieux désirer.

Grâce à mon expérience — je n'ai pas eu un seul accident depuis plus de quarante ans —, sans doute aussi à cause de mon bas salaire, on me maintient en place malgré mon âge.

Quand je partirai, on perfectionnera la machinerie, j'ai appris que les plans étaient déjà prêts. De peur que la solitude ne les abatte, des équipes de gardiens se relaieront, deux par deux, tous les dix jours.

Par la suite, les techniciens envisagent de tout automatiser. Le phare fonctionnera seul, commandé à distance par ceux du continent.

J'espère n'avoir pas — un jour, par soudaine incapacité physique — à assister à tout cela. Je souhaite, avant ces changements, avoir été enterré au pied de mon phare, à l'endroit où j'ai planté quelques pieds de bruyère.

Ceux-ci donnent déjà un bouquet de fleurs violettes qui résistent au vent.

Une fin d'après-midi, Jérémie, naviguant sur un canot pneumatique, débarqua sur mon île.

— Je suis ton petit-fils, déclara-t-il.

J'en restai muet. Il insista :

— Le fils de Marie-Jeanne, ta fille.

— Je n'ai jamais eu d'enfant.

Il me saisit la main, m'entraîna, me conduisit d'un trait vers les marches, qu'il me fit gravir à sa suite, jusqu'à la salle des lentilles...

J'eus l'impression qu'il connaissait déjà les lieux. Il se dirigea sans hésiter vers le dispositif lumineux. Approchant son visage du mien, il pointa son index sur la surface en verre taillé :

— Regarde comme nous nous ressemblons !

Nous nous ressemblions en effet. Le même nez légèrement épaté, le même espace entre les deux incisives du haut, les mêmes yeux d'un vert aigu. Surtout, cette même mèche blanche, partant du front et s'incrustant dans notre abondante tignasse roussâtre.

Toujours aussi touffue, la mienne s'agrippait encore à mon vieux crâne.

Aline, ma femme, m'avait brusquement quitté il y a une quarantaine d'années, me laissant un mot laconique. Elle en aimait un autre et partait avec lui au-delà des mers. Elle ajoutait qu'il était inutile de chercher à la retrouver.

Jérémie m'apprit qu'à son départ elle était déjà enceinte. Elle garda l'enfant, avec l'accord de son compagnon.

— C'était ma mère, Marie-Jeanne... J'ai vite compris qu'il y avait un mystère dans la famille ; un secret que ma mère elle-même ignorait. Elle était visiblement différente de ses sept frères et sœurs. Plus tard, moi non plus je ne ressemblais à personne. J'interrogeais ma grand-mère Aline à ce sujet ; elle se taisait ou changeait de conversation. Sur son lit de mort elle m'a révélé la vérité et parlé de toi : « Tu lui ressembles tellement. » J'ai senti comme un regret dans sa voix. Dès ce moment, je n'ai plus eu qu'une idée : te retrouver. Cela m'a pris plus d'un an. J'ai traversé l'Océan ; j'ai écumé les côtes du Nord... J'ai fini par te découvrir, par apprendre où tu vivais depuis quarante ans. Du même coup, tu m'es devenu encore plus proche ; enfant, je rêvais d'une île pour moi tout seul. J'ai voulu en savoir plus, sur toi et sur ton phare, avant de te rencontrer. J'ai consulté les cadastres, les documents, les plans. Je la connais par cœur, ta lanterne !

— Je m'étonnais aussi que tu y arrives si facilement... Quel âge as-tu, Jérémie ?

— Dix-neuf ans. Garde-moi avec toi, grand-père.

— Tu ne peux pas te séparer de la vie à dix-neuf ans !

— Il le faut. Garde-moi.

Jérémie me confia que les derniers temps, pour subsister, il avait commis une série de larcins. L'un d'eux avait failli mal tourner. Il devait se cacher durant quelques mois pour qu'on l'oublie. En travaillant avec moi sur le phare, il espérait gagner un peu d'argent, rembourser ses victimes, faire cesser les poursuites.

Je dissimule la présence de mon petit-fils à l'équipe qui me ravitaille. La semaine de leur venue, nous dégonflons et remisons le canot pneumatique. Les autres jours, Jérémie l'utilise pour pêcher ou se promener.

Nous menons ensemble une vie prodigieuse !

Je lui apprends à fabriquer des « bateaux à bouteille » que je donnerai, plus tard, à vendre aux touristes. Malgré son jeune âge, Jérémie est doué d'une infinie patience et d'une grande habileté.

Souvent, il m'aide à parfaire ou à compléter ma fresque. Il y découvre des significations, des images qui ne m'étaient jamais apparues. Il me conseille aussi avec ingéniosité, justesse ; je me rends le plus souvent à ses raisons. Dernièrement, par exemple, j'ai rehaussé de quelques coups de pinceau de couleurs vives ma composition murale.

Avant l'arrivée de Jérémie, la solitude m'avait offert toutes les ressources du silence ; le calme, la sérénité. A présent, j'expérimente le partage ; le chant plus preste et plus vivace de la joie.

Nous nous entendons sans avoir à nous parler. Nous dialoguons comme si nos âges, la disparité de nos existences stimulaient en chacun un désir d'union, de nouvelle parenté.

Nous allions vivre ainsi plus d'une année.

De temps en temps, Jérémie disparaît pour vingt-quatre ou quarante-huit heures à bord de son canot pneumatique. Je le laisse partir, puis revenir, sans rien lui demander. Je sens qu'il pourrait prendre ombrage de toute curiosité malvenue.

Un soir, en riant, il m'a lancé :

— Grand-père, je visite quelqu'un sur la côte.

— J'espère que ce n'est pas une femme mariée ! Dans ces régions, ça t'attirerait des ennuis.

— Quand je pourrai je t'en dirai plus, grand-père. Mais ne t'inquiète pas.

Nous n'en avons plus reparlé.

Un matin, nos baromètres annonçaient pluie, vent, tempête. J'ai demandé à Jérémie de ne pas quitter l'île.

— Je dois y aller, répliqua-t-il d'un ton déterminé.

Il s'y connaissait en météorologie, il savait qu'il y aurait gros temps. J'insistai. Mais il m'embrassa sur le front et partit sans un mot.

Dès son départ, la mer s'est déchaînée.

J'ai grimpé, quatre à quatre, jusqu'au balconnet qui encercle les lucarnes de mon phare. Il était environ seize heures ; le ciel s'était considérablement assombri.

J'ai tout de suite aperçu le canot pneumatique se débattant parmi les flots. Leur furie ne s'apaisait pas. Sans mollir, une lame de fond en précédait une autre.

Impuissant, j'ai assisté de loin à cette tourmente.

Je suis alors rentré pour allumer à pleins feux mes lanternes. A ma commande, elles balayaient d'éclatants faisceaux lumineux le ciel et l'océan, comme pour les intimider.

Rien n'y fit.

Emportée comme un fétu de paille parmi les tourbillons, assaillie par des rafales d'air, des paquets d'eau, l'embarcation était l'esclave des vents et d'une mer brutale, furibonde, que je m'étais mis à haïr.

Perdant la tête, je dévalai les marches jusqu'à la porte de mon phare.

Sur le terre-plein qui entoure le socle, je lançai, en direction de Jérémie, des signaux absurdes et désespérés, lui enjoignant de rentrer.

Mes hurlements se perdaient dans la bourrasque.

Sous mes yeux, le canot culbuta plusieurs fois et plusieurs fois resurgit.

Enfin, comme une bête en perdition, il se

cabra, se redressa, avant de se retourner sens dessus dessous.

Sa coque grise émergeait de temps à autre, au gré des bouillonnements forcenés de l'océan.

Jérémie disparut, reparut... Épave vacillante, pivotant sous la violence des flots.

Témoin impuissant, je vis le jeune corps, vigoureux et musclé, de mon petit-fils manœuvré comme une pauvre chose. Chassé, repris, remué, déplacé, propulsé jusqu'au pied de mon île.

Égaré, désarmé, je vis ce corps se tordre, se hisser hors de l'eau, se fracasser contre les rochers.

Je vis le sang gicler sur la rocaille.

Puis la mer assassine nettoya d'un bain d'écume les traces de sa tuerie.

Je l'ai vu, ce corps de Jérémie, voracement ressaisi par les vagues.

Puis, lentement, je le vis s'engloutir.

Quinze jours plus tard, après avoir demandé mon remplacement aux responsables de la côte, je quittais le phare pour toujours.

J'avais détruit ma fresque en la badigeonnant de chaux. J'ai ensuite jeté toutes nos possessions à l'eau.

Les nouveaux gardiens s'étonnèrent de me trouver sans bagage.

— Alors, vieil homme, ça se termine ta lune de miel avec la mer! C'est à elle que tu as tout donné?

— Tout, leur répondis-je.

J'avais déraciné le bouquet de bruyères, détruit le testament où j'avais fixé le lieu de ma tombe.

Mort ou vif, je ne veux plus jamais avoir affaire à ce phare, ni à son océan.

Je me suis enfoncé loin, très loin dans les terres.

Trois ans ont passé. J'habite dans une maison de retraite pour vieux marins. Je n'ai pas grand-chose à leur dire. J'évite leurs flamboyants récits.

— Tu n'as rien à raconter sur la mer? me demandent-ils.

Je hoche la tête.

— Rien.

Je ne sais comment Solange m'a retrouvé.

Elle a une dizaine d'années de plus que n'aurait eu Jérémie, mais sans doute la même ténacité.

— Regardez là-bas, m'a-t-elle dit en me prenant par le bras. Regardez qui vient vous voir.

Parmi la ribambelle de garçonnets dont elle
était la maîtresse d'école, lui, je l'ai tout de suite
reconnu !

Cette folle chevelure roussâtre... De près, j'ai
découvert les premiers signes de l'étrange mèche
blanche et frontale, semblable à la mienne et à
celle de Jérémie.

— Grand-père, bredouilla l'enfant, je veux
voir ton phare, je veux voir la mer ! Quand est-ce
qu'on ira là-bas, ensemble ? Quand, quand,
quand ?...

MON PÈRE, MON ENFANT

pour Anny Duperey

Maintenant que j'ai dépassé ton âge, je pense souvent à toi, mon père, comme à un frère plus jeune. D'ici quelques années, je te verrai comme un fils.

Un fils qui se serait longtemps absenté et dont l'image, calquée au fond de ma mémoire, n'aura pas été altérée par le temps.

Pourtant, tu n'es ni mon frère ni mon fils. Tu es mon père. Je te reconnais aussi comme tel, dans la même seconde, dans le même mouvement.

Durant mon enfance égyptienne, l'existence des parents et celle des enfants étaient totalement dissociées.

La disposition de nos chambres en des lieux opposés de la vaste maison, la présence d'une gouvernante, dressant un perpétuel écran entre nous, nous maintenaient en des mondes autonomes qui voisinaient sans se pénétrer, qui se frôlaient sans se rejoindre. Même nos repas n'étaient pas pris en commun. Le baiser au lit était rare ; à ces heures-là, devant le miroir à trois glaces de leurs cabinets de toilette respectifs, mes parents se préparaient longuement, soigneusement à leurs sorties.

De sept à dix ans, je conserve de mon père le souvenir d'une haute et furtive silhouette dans des complets de couleur sobre, de coupe impeccable, en gabardine, en tussor, en drap d'Italie.

Quand il se penchait pour m'embrasser, légèrement, sur les joues, il se dégageait de toute sa personne une discrète odeur d'eau de Cologne Atkinson, dont il gardait toujours un flacon sur sa table de chevet. Il était fidèle à ses marques : lotion Atkinson, cigarettes Gianaclis, whisky Johnnie Walker, cravates de chez Charvet ; comme à son barbier, à ses amis, à son tailleur.

Je me souviens que tu portais toujours la même moustache, que ta coupe de cheveux n'a jamais varié. Que tu étais beau, que tu cultivais le silence, que tu avais des mains admirables.

Ayant passé une partie de mon adolescence au Caire, en pension, puis dans des écoles à l'étranger, je t'ai à peine fréquenté. Toutes ces distances ont fait que je t'ai, peu à peu, perdu de vue. Le téléphone d'un continent à l'autre n'était pas encore pratiqué ; tu n'écrivais pas, tu ne

faisais pas grand-chose en somme pour maintenir un lien entre nous.

Un lien que, tout au contraire, ma mère, riche
de fantaisie et d'élans, trouvait, malgré l'absence, mille façons d'alimenter.

Ta voix s'effaça, ton image devint floue.

De ce manque — s'il y en avait un —, je ne
peux pas dire que j'ai souffert, ni que je t'en
ai voulu. La vie m'a toujours offert de multiples
raisons de la chérir. J'étais aussi naturellement
éprise de la liberté des autres que de la mienne ;
attachée à leur indépendance, à leur intimité.

Peut-être, aussi, pour me préserver d'un venin
dont j'aurais été la première atteinte, me suis-je
toujours gardée de tout sentiment de frustration,
sachant d'instinct que le dommage que l'on fait
subir au visage des autres ne fait que dénaturer
nos propres traits.

Ce n'est que bien plus tard, en 1938, que nous
avons partagé le même toit.

J'avais dix-huit ans, je rentrais d'Europe. Tu
étais divorcé depuis quelques années. Je te
sentais inquiet d'avoir à assumer la responsabi-
lité de cette enfant, la tienne, grandie au loin ; et
devenue, sans que tu t'en fusses aperçu, une
jeune femme.

Tu te demandais sans doute comment ces
rapports « père-fille » se pratiquaient, et quelle
conduite tu devais adopter ? Les conventions

sociales, auxquelles tu ne prêtais en général guère attention — non par désir de marginalité, plutôt par goût d'une existence sans apprêt, sans prétention —, te commandaient cette fois de songer, pour moi, à un mariage proche et d'y veiller en premier lieu.

Je devinais ton souci ; ton embarras me fit sourire. Je t'abordai de face — cela inaugura entre nous une communication franche et confiante, quoique toujours brève —, et te fis comprendre que je prendrais mon destin en main, quoi qu'il arrivât ; à commencer, surtout, par le choix d'un amour. Je ne prononçai ni le mot de « mari » ni celui d' « époux » ; je n'étais guère pressée, et j'avais sur le mariage des vues personnelles et peu orthodoxes.

Mes déclarations te soulagèrent. Les préjugés des autres s'effondrèrent devant mes options, que tu devinais inébranlables. A partir de cet instant, il s'installa entre nous un climat de bonne foi, de complicité tacite, sur lequel tu n'es jamais revenu. J'avais le champ libre. Nous savions, l'un et l'autre, que je n'en abuserais pas.

J'appris à t'estimer ; plus important, à t'aimer. Rien dans nos préférences, nos perspectives, nos projets ne nous rapprochait, mais j'appréciais ta réserve, ta simplicité, si opposées au fatras, à l'ostentation de ton milieu. Ton existence était radicalement différente de celle des premières années de ton mariage, qui t'avaient entraîné dans un tourbillon de fastes et de fêtes ne te ressemblant pas.

Loin des quartiers résidentiels élevés en bordure du Nil, tu avais choisi de vivre dans un modeste immeuble que tu possédais, en pleine cité.

Aux neuvième et dixième étages, tu habitais un duplex de quatre pièces, que nous partagions désormais. Quelques meubles d'une ancienne splendeur : un bahut en laque rouge, une table en cristal, un buffet signé Jansen, paraissaient ridiculement déplacés dans cet espace restreint. Ce manque d'harmonie ne semblait pas te gêner.

Tu dînais tous les soirs à un club de jeux ; tu évitais de déjeuner à la maison sans compagnie. Les mêmes amis se relayaient auprès de toi ; je me souviens de l'un d'eux, un médecin, terne et bonhomme, avec qui tu partageais tes repas, tes silences, tes longues parties de cartes ou de trictrac, ponctuées de jurons et de rires.

Tes succès féminins, je l'ai appris plus tard, étaient nombreux. Ton physique de bel homme, allié à tant de calme et de modestie, devait en séduire plus d'une ; mais tu t'en tenais, je crois, à une liaison plaisante et secrète, à des laps de temps qui n'affleuraient pas dans nos existences communes. Je n'ai jamais été témoin d'une rencontre, jamais surpris un coup de fil.

Tu prenais soin de ta personne, comme jadis. Non par vanité, mais, singulièrement, par désir de passer inaperçu, ne laissant rien clocher, ne te faisant remarquer par aucun détail notable. Rasé de près, la moustache bien taillée, il n'y avait jamais de tache à tes vêtements, jamais un pli malencontreux à ton costume ou à ta chemise en soie, couleur ivoire, marquée à ton chiffre.

Tu arborais souvent un sourire d'une douceur extrême, la bouche un peu de côté. Tu savais écouter sans interrompre. Mais écoutais-tu vraiment ?

Vingt-deux ans seulement nous séparaient, mon père, mais — était-ce l'époque ? — tu paraissais bien plus que tes quarante ans ! Je me le dis en regardant tes photos, surtout maintenant que les distances se sont presque inversées.

Tu me parlais déjà de ton âge avec du recul. Tu répétais une phrase qui ne me semblait pas insolite auparavant, mais qui me paraît extravagante aujourd'hui :

— Maintenant que la vie est derrière moi et que la tienne commence...

J'avais entrepris des études universitaires que tu jugeais sans doute inutiles, mais jamais tu n'essayas de m'en dissuader. J'aimais, à la folie, la danse, le théâtre ; mal à l'aise en société, j'évoluais sur les planches avec agilité et bonheur.

Tu n'es jamais venu à ces spectacles ; d'ailleurs je ne t'y conviais pas. J'appris ainsi qu'on peut s'aimer sans tout partager ; qu'on peut être

86

proches et solidaires en évitant ingérences et indiscrétions.

Quatre ans après mon retour, je me suis mariée.

Tu étais d'accord. D'accord aussi sur notre désir de réduire les solennités en usage : cérémonie et réception. Je portais un tailleur blanc, mon amour un complet marine. Nous n'avions invité que les plus proches.

J'éprouvais une sourde rébellion envers une Église que je jugeais étroite et conformiste ; envers une société que je tenais pour inconsciente et vaniteuse. Toi, tu ne jugeais pas. Insensible aux honneurs, au clinquant, ton caractère te portait spontanément vers la simplicité. Tu étais affable sans simagrées ; à l'écart sans critiques.

A quarante-huit ans tu fus terrassé par une première attaque, un premier infarctus.

Tu t'en es tiré, mais marqué et vieilli, les tempes blanchies, le côté gauche de ta figure paralysé, l'arcade sourcilière enfoncée, l'orbite rétrécie, le maxillaire affaissé.

Ton sourire incliné, que j'aimais tant, était pris, figé dans la glace de tes muscles faciaux. Un sourire douloureusement épinglé sur une bouche oblique.

Ton dos s'était légèrement ployé, t'ôtant quelques centimètres ; tu continuais tout de même de garder ta haute stature.

Tu marchais en t'aidant d'une canne. Tu mis immédiatement de la coquetterie à en choisir le bois, l'épaisseur, la poignée.

Je te revois, mon père, mon frère, mon enfant, tandis que tu avances à petits pas, cherchant à minimiser ton affaiblissement, à réduire notre chagrin.

Ali, le valet-cuisinier, dans sa longue robe blanche, qui s'occupe depuis dix ans de tes repas, de ton habillement, t'aide à te vêtir, à te dévêtir. Il maintient aussi en parfait état ton linge et tes costumes ; car tu veilles toujours, avec un soin extrême, à ton apparence.

Selon les recommandations du médecin, tu « prends l'air » chaque après-midi. Tu te laisses conduire par Latif, le chauffeur, à qui tu ne cédais jamais le volant avant ta maladie. Chargé uniquement de la maintenance de la voiture, et de trouver où la garer — déjà un problème dans cette cité pourtant beaucoup moins peuplée qu'aujourd'hui —, il te surveille dans son rétroviseur, tout étonné de se trouver à ta place.

Je t'accompagne souvent dans ces randonnées, le long de la corniche du Nil, ou sur le boulevard qui mène aux Pyramides. Nous ne mentionnons pas ton état de santé, tu ne le souhaites pas. Je te prends la main, nous parlons peu. Sauf, parfois, de cette Égypte que tu chéris, et qui vient miraculeusement — nous sommes en 1946 — d'échapper à la guerre.

— Une oasis, répètes-tu. Une oasis !

En juin 1948, mon père est mort. Il venait d'atteindre la cinquantaine.

*
**

Plus tard, à travers ma propre histoire, mêlée à des bribes de notre passé commun, il m'arrive de m'interroger sur ta personnalité.

Tu étais beau, fortuné, on te chérissait ; d'où te venait alors ce peu d'assurance, qui ne m'est pas totalement étranger ? Je ne te connaissais aucun véritable sentiment religieux, aucune philosophie ; d'où tirais-tu cet effacement, je dirais presque cette humilité ?

Parfois, nous nous prenons la main, toi et moi, et nous déambulons dans les rues grouillantes du Caire ; ou bien, à Paris, l'été, nous nous attablons à l'un de tes cafés favoris, du côté de l'Opéra ; ensemble, nous regardons les gens passer. Ou bien, ayant choisi des voies divergentes, nous finissons toujours par nous retrouver, comme au bout de tous les chemins terrestres, au même point de non-retour.

Je te questionne. Qu'as-tu fait de ta vie ? Te plaisait-elle ? De quel manque souffrais-tu ? De quel tourment, de quelle soif ? Tu as l'air de me répondre que je t'invente, que tu ne te sentais ni malheureux ni spolié. Du même coup, je me rappelle avec précision ce scintillement malicieux et tenace tout au fond de tes yeux verts.

Ton fantôme se dissipe, chaque fois, avec facilité. Il ne frappe pas aux portes, il n'exige pas de revenir.

Comme jadis, tu ne veux ni peser sur mon existence ni la marquer d'une empreinte indélébile. Tu la laisses à elle-même, tu t'éclipses sans regret.

— Ma vie est derrière moi, c'est la tienne qui commence…

C'est ainsi, il est vrai, comme si par moments un même sang alimentait nos veines, que j'envisage aujourd'hui le passage de ma vie, vers ceux qui suivent et qui suivront.

Ai-je assez parlé de ton regard taquin ? Une espièglerie voilée — mais pourtant bien là, enracinée dans l'âme — que je retrouve, plus apparente, plus déclarée, dans les yeux noirs de mon fils.

J'en aperçois même le pétillement dans l'œil des fils de mon fils ; familiers déjà, eux aussi, des ressources du silence et de la vie.

LES MÉTAMORPHOSES DE BATINE

pour José David

En repérage des lieux, le jeune reporter posa quelques questions aux personnes réunies dans l'impasse. Il leur confia ensuite la prodigieuse nouvelle.

Dès qu'il fut parti, ils se concertèrent, discutèrent longuement, choisirent de se rendre sur-le-champ chez Batine, l'heureux bénéficiaire de l'événement.

Ils étaient neuf dans le secret : le boulanger et son fils, le barbier, le marchand de tabacs, le gendarme du quartier, le repasseur et son épouse, le maître d'école, enfin Wadiha la corpulente voisine.

Suivis de quelques badauds surpris par ce branle-bas, ils se précipitèrent sur les marches érodées de l'antique demeure, plantée au cœur du quartier populeux. Classée « monument historique », abandonnée à l'usure, celle-ci se détériorait lentement. Depuis une cinquantaine d'années, l'État avait gracieusement cédé le dernier étage à l'artiste peintre. Il avait connu son heure de notoriété locale avant de retomber dans l'oubli.

La petite troupe escalada en trombe les quatre étages avant de déboucher dans l'atelier donnant sur une vaste terrasse qui surplombait la ville.

Wadiha, malgré sa pesante soixantaine, se trouva en tête du groupe :

— Laissez-moi lui parler en premier, souffla-t-elle. Je connais cette tête de mule mieux que personne. Ce ne sera pas une mince affaire que de le convaincre !

Enfoncé dans son fauteuil à bascule, le vieil homme, voluptueusement engourdi, contemplait les dernières lueurs du jour s'affichant sur la palette du ciel.

Malgré les remontrances de Wadiha, qui, à la suite de son veuvage, s'occupait entièrement de sa personne et de son logis, Batine n'avait jamais été soigneux ni ordonné.

Depuis qu'il avait atteint ses quatre-vingts ans — il en avait sept de plus à présent —, ses négligences s'étaient multipliées. Ayant atteint un âge canonique — ce dont il se félicitait —, il estimait qu'il n'avait plus à réclamer d'efforts à son corps, ni à lui imposer des contraintes. Dorénavant, il le laisserait à ses penchants, et permettrait à ses poils, cheveux, barbe et ongles de pousser selon leur pente naturelle.

Pour se rincer les mains, Batine ne recourait

plus qu'à l'eau, prétextant que ces odeurs d'huile et de térébenthine l'incitaient à la création. Ayant distribué ses quelques vêtements aux mendiants de son quartier, malgré les hauts cris de sa voisine, il se satisfaisait d'un pantalon blanc et d'une chemise rouge qui avaient épousé, peu à peu, tous les plis de sa chair, tous les mouvements de sa carcasse, pour devenir une seconde peau, bigarrée et durcie par plaques.

Il marchait pieds nus, se vantait de s'être fabriqué des pattes d'autruche à la membrane fibreuse et rêche, capables de piétiner clous, cailloux et verre pilé.

Son grand atelier — planté au-dessus de la précieuse demeure en ruine — lui servait également de chambre à coucher. Celle-ci se réduisait à un matelas posé sur une série de briques, enveloppé, selon la saison, d'une courtepointe en coton ou d'un plaid aux carreaux déteints.

Cette large pièce englobait son entière existence : cartons pleins de vieux journaux et de papiers administratifs ; tiroirs posés sur le sol, remplis de lettres et de photos ; livres entassés contre les murs, formant une double paroi gainée de poussière, auxquels il ne touchait plus ; boîtes de conserve récurées, servant de godets ; flacons contenant des pinceaux, parfois quelques fleurs ; table sur tréteaux, épaissie et laquée par des couches de peinture successives ; couteaux maculés de couleurs gisant de-ci de-là, parmi les tubes, les brosses, les blaireaux ; trois chaises, un tabouret, barbouillés de teintes criardes ; bâtons de fusain, crayons de tous calibres, se dressant hors d'anciens pots de moutarde ou de confiture.

Muni d'un fil interminable qui s'étendait jusqu'à la terrasse, le téléphone disparaissait sans cesse. Dissimulé sous un amas de torchons, au fond d'un seau, derrière des châssis... Il retentissait abruptement, suscitant des allées et venues intempestives de Wadiha, des gigotements dans sa chair généreuse jusqu'à ce qu'elle repérât la nouvelle cachette. Cette gesticulation, ces oscillations lui rappelant les parties de colin-maillard de son enfance, Batine s'en amusait follement.

Dans un coin, sous un édredon jadis satiné, qui laissait échapper par endroits des boules de coton, s'entassaient une centaine de tableaux.

Leur nombre ne cessait de diminuer. Depuis une dizaine d'années, Batine offrait ses toiles à qui en voulait ; ou bien se débarrassait de celles qui le décevaient :

— Elles m'emprisonnent ! s'exclamait-il. Elles me prennent toute la place !

Avec l'aide de son ami le repasseur, un homme tout en jovialité et en muscles, il descendait régulièrement quelques tableaux pour les jeter, non loin de son domicile, sur le monticule d'immondices auquel un préposé mettait le feu une fois par semaine. Chaque fois cet autodafé lui procurait un sentiment de renaissance et de liberté.

Wadiha assistait à cette destruction d'un œil satisfait. Ayant servi trois ou quatre fois de modèle, elle ne se reconnaissait jamais sur la toile achevée. De plus, elle abominait cette production véhémente, déréglée, criarde, à mille lieues du tempérament affable et débonnaire du peintre à qui, depuis près de trente ans, elle consacrait la plus grande partie de son énergie. Ne le ménageant guère, elle ne lui dissimulait pas son opinion. Se plantant devant l'une de ses toiles, elle le questionnait, les mains aux hanches :

— Qu'est-ce que ça représente, pouvez-vous me le dire ? Un coup de feu ? Des éclairs, des poussières ? Du sang, des soleils, des larmes ? C'est n'importe quoi ! Des gribouillis ! Du charabia !

Batine hochait gentiment la tête :

— Je ne peux rien t'expliquer, Wadiha, ça sort comme ça veut, voilà tout !

— Quand je pense à tout le mal que vous vous donnez !

Elle s'en voulait aussitôt de ses railleries. Peu rancunier, Batine ne lui en tenait jamais rigueur. Avait-elle le droit de se moquer de ce qui procurait au vieil homme un plaisir si intense ? Un plaisir nourri d'inquiétudes, de souffrances, de tumultes, dont elle était souvent le silencieux témoin.

Mais ce qui intriguait Wadiha, ce qui la stupéfiait plus encore, c'était cette aptitude qu'il avait à se dégager de son œuvre, une fois celle-ci terminée. On aurait dit un pommier vigoureux et prodigue dont les fruits, arrivés à maturation, se décrochent sans que l'arbre les retienne. Depuis quelque temps, au moment où il cherchait à se débarrasser de ses tableaux et qu'il était sur le point de les larguer, c'est elle qui arrêtait son bras.

— Je ne peux pas vous laisser faire ça. Après toute votre sueur, votre fatigue !

L'argument n'avait aucune prise. C'était aussi dans la nature de Batine de ne jamais se souvenir des peines et des chagrins passés.

— Rappelez-vous... A certaines périodes, je vous ai vu souffrir, vous évertuer, vous surmener. Vous mangiez debout. Vous parliez à peine. Je vous voyais peindre, défaire, recommencer. Et à présent, vous jetez tout ça, comme s'il s'agissait de n'importe quoi !

Des deux mains elle l'agrippait par le col de sa chemise :

— Je ne vous laisserai pas faire.

Malgré son caractère accommodant, l'obstination de Batine n'avait pas de limite ; Wadiha sentait qu'elle céderait la première :

— C'est du plomb qui remplit votre caboche. Vous êtes plus têtu qu'une pyramide !

Batine se divertissait de ce vain combat :

— C'est le comble, s'esclaffait-il. Tu vomis mes toiles, et c'est toi à présent qui t'en fais le défenseur. Toi et moi, nous serons toujours à contre-courant, ma brave Wadiha.

— Une fois pour toutes : vous y croyez ou vous n'y croyez pas, à votre fabrication ?

— J'y crois et je n'y crois pas. Les deux à la fois.

Sautant du coq à l'âne, elle poursuivait :

— Quand est-ce que vous changerez de vêtements ? Vous allez finir par puer, je vous le dis.

Elle avait subtilisé et mis à l'abri son seul costume le jour même où il avait décidé de distribuer sa garde-robe aux mendiants. La maigre pension que l'État servait à l'artiste, augmentée de quelques revenus dus à un petit héritage, lui suffisait pour vivre.

— Quand est-ce que vous prendrez un bain ? Un vrai ! Quand déciderez-vous de vous raser, de vous couper les ongles, les cheveux ?

— Lorsque je serai mort ! Ce jour-là, Wadiha, je t'en laisserai le soin et le plaisir. Ce sera inscrit dans mon testament, promis ! Tu pourras me laver des pieds à la tête, couper mes poils, tailler mes ongles, me revêtir du costume sombre, celui que tu as caché en prévision de mes funérailles ! Tu ajouteras la chemise en soie et la cravate noire de ce mariage auquel, par chance, j'ai échappé ! De plus, ajoutait-il avec un clin d'œil appuyé, je te léguerai toutes mes toiles, puisque tu en es devenue le gardien et le sauveur.

— Vous n'êtes qu'un vieux fou ! Qu'un pauvre maboul !

Puis, craignant d'avoir outrepassé ses droits, sa voix s'amollissait :

— Un doux dingue !

L'avait-elle aimé jadis, il y a plus de trente ans ? D'éphémères compagnes, surtout des femmes mariées, venaient secrètement lui rendre visite dans son atelier. Elle n'avait jamais osé s'avouer ses propres sentiments.

Face au soleil couchant, se balançant dans son fauteuil, savourant et se délectant de l'embellie et des silences du soir, Batine rêvassait, tranquille.

Surexcités par l'exaltante nouvelle, les membres de la petite troupe franchirent les dernières marches quatre à quatre, débouchèrent sur la terrasse et se ruèrent vers le fauteuil à bascule.

Au passage, ils faillirent écraser trois poussins en balade, terrifièrent le chat tigré qui renversa un seau rempli de graines en s'enfuyant. Immobile sur un canapé éventré, le second chat, au poil d'ébène, pris de panique, se réfugia derrière l'amoncellement de bidons, de torchons, de balais, de fagots, de boîtes de couleurs séchées, de châssis hors d'usage, de chevalets en morceaux et de la baignoire en zinc remplie de bouteilles vides. En battant des ailes et en caquetant, les quatre poules se frayèrent un chemin entre une douzaine de pots d'argile rougeâtres, dans lesquels Wadiha faisait pousser du persil, de la menthe et même des pieds de tomates. Seul le coq à la crête ramollie ne se laissa pas intimider.

Assailli par une avalanche de paroles, par une tornade de gestes, Batine sursauta si fort que le fauteuil faillit céder sous son poids.

Encouragés par Wadiha, le barbier s'empara de ses deux mains pour le tirer en avant, le repasseur et son épouse le soulevèrent par les aisselles, le gendarme le poussa dans le dos pour le maintenir debout. Il n'eut pas le temps de protester.

— Pardonnez-nous, s'excusa le barbier, mais ce qui nous amène est urgent et de la plus haute importance.

— Un événement extraordinaire, reprit le boulanger.

— Considérable ! ajouta le marchand de tabacs.

— Une chance pour les jeunes du quartier, confirma le maître d'école.

— Cela changera le cours de ta vie ! conclut le repasseur.

— Et des nôtres, renchérit le maître d'école.

— Qu'est-ce qui peut transformer la vie d'un

vieil homme arrivé tout au bout de la sienne ? murmura Batine.

— Assez de philosopher ! interrompit Wadiha. Écoutez l'avis des autres, pour une fois.

— Voici..., commença le maître d'école, qui se mit en devoir de tout expliquer.

Le postier de service avait, heureusement, intercepté un télégramme venu des États-Unis ; un câble destiné à un fonctionnaire responsable des demeures anciennes.

— Et alors ? demanda Batine.

— Le postier, alerté par ton nom inscrit en toutes lettres sur le message : « L'artiste peintre BATINE », nous en a tout de suite fait part, sous le sceau du secret.

— Et après ? s'impatienta Batine.

— Laissez-le terminer ! gémit Wadiha. Encore votre manie de vouloir la fin avant le commencement !

Batine cherchait à mettre un terme à ces assauts. Il ne songeait qu'à retourner à ses pensées sur la précarité des jours ; à ces rêveries qui débouchaient le plus souvent sur des projets d'avenir, de nouvelles toiles à peindre.

— Tu nous écoutes ? s'inquiéta le barbier.

— Je vous écoute.

— Ce qui arrive est un honneur pour toi, pour nous tous, reprit le marchand de tabacs.

— Pour notre cité et pour toute la nation, conclut le maître d'école avec grandiloquence.

— Enfin, de quoi s'agit-il ?

102

— Tu es un vrai patriote, n'est-ce pas, Batine ? s'enquit le gendarme d'un air vaguement soupçonneux.

— Mais oui, mais oui..., répondit celui-ci du bout des lèvres, tout en jetant un coup d'œil désespéré vers le soleil qui sombrait, lentement, à l'horizon, loin de son regard.

Dans une orgie de couleurs : de l'orangé au rouge, du fauve à l'écarlate, du bistre au turquoise, du jaune au carmin, du roux au vermillon, le soleil se dissipait, somptueusement — loin de son habituelle vigilance —, au fond de vapeurs chatoyantes, soulignées parfois d'un trait vert.

— Demain, sept heures du soir, c'était écrit sur le télégramme, tu recevras une visite de la plus haute importance.

— Une chance que nous en soyons avertis, soupira Wadiha. Vous les imaginez arrivant au milieu de cette pagaille ! Et vous, presque en loques ! Nous avons vingt-quatre heures pour nous préparer.

— Nous préparer à quoi ? grommela le vieillard. Je ne reçois plus de visites. Sauf mes amis. Vous, vous tous êtes les bienvenus ! Apportez-nous des sièges, du café et des sirops, Wadiha.

Il espérait calmer leur surexcitation et clore cette histoire déjà bourrée de tracas et de déplaisir.

— Pas une minute à perdre, rétorqua Wadiha, soutenue par la petite assemblée.

— Demain sera un jour « ex-cep-tion-nel », confirma le maître d'école avec solennité.

— Le café attendra, trancha Wadiha. Demain, il faudra autre chose que des cafés et des limonades pour honorer nos hôtes.

Sans attendre, elle se précipita vers le parapet qui encerclait la terrasse. Le buste en avant, les mains en cornet devant la bouche, elle cria à tue-tête vers l'impasse où flânaient quelques voisins :

— Des bras, des bras, il nous faut des bras ! Montez tous nous aider !

*
**

Une série de hasards avaient fait atterrir dans une importante galerie du Texas des reproductions d'œuvres du peintre Batine.

Ayant glané quelques informations et de croustillants détails sur le personnage, le directeur décida de se rendre sur place, avec l'accord tacite des autorités locales.

En prévision du fabuleux lancement qu'il programmait pour la saison prochaine, Steve Farrell, accompagné de sa secrétaire et d'une petite équipe de télévision, serait bientôt sur les lieux.

*
**

Quelques minutes avant de monter chez Batine, Wadiha, ne pouvant tenir sa langue, avait répandu la nouvelle en recommandant le secret. La rumeur s'était propagée. Les appels venus de la terrasse furent suivis d'effet immédiat, une partie du voisinage étant déjà dans l'expectative.

Munis de seaux, de pelles, de balais de crin, de têtes-de-loup, de savon noir pris dans leurs modestes masures, puis, en se cotisant, de chlore, de potasse, de cirage achetés chez l'épicier, hommes et femmes — auxquels s'étaient joints quatre mendiants remontant de la cité, un touriste égaré dans l'impasse et une ribambelle d'enfants — se précipitèrent sur les marches qui menaient à l'atelier.

Wadiha, qui avait préparé son plan de bataille, accueillit le cortège dès son arrivée. Après leur avoir distribué, en guise de torchons, des lambeaux d'étoffe découpés dans du vieux linge, elle assigna à chacun sa corvée.

Elle se découvrit des dons de commandement qu'elle n'avait pas jusqu'ici eu l'occasion d'exploiter. En dépit de son humeur complaisante, Batine se révélait d'une obstination farouche en tout ce qui concernait son travail. Nul ne pouvait toucher à son atelier ; son œil à l'affût aurait détecté le déplacement d'une épingle ! Wadiha avait fini par s'habituer à ce capharnaüm.

— Pour une fois, il faudra que tout brille comme neuf, déclara-t-elle.

Le nettoyage dura la nuit entière, à la lumière des bougies. L'État voulant restreindre ses dépenses, il n'y avait de lampe nulle part. Mis à contribution, l'électricien installa une guirlande d'ampoules multicolores, le long du mur bordant l'escalier.

Hommes, femmes, enfants vidèrent des seaux d'eau savonneuse sur les marches. Ils frottèrent, grattèrent, récurèrent, gommant les tendresses de la pierre, que le temps avait adoucie et rosie. Débarrassée de toutes impuretés, celle-ci étincela bientôt sous une peau lisse et luisante.

Ils brossèrent ensuite le perron et les quatre paliers. Décapèrent, astiquèrent, peignirent, à chaque étage, les moucharabiehs dont les grillages en bois tourné donnaient sur la minuscule cour intérieure.

Dans l'atelier, constamment guidés par Wadiha, ils rangèrent les objets hétéroclites derrière l'armoire et le lit ; recouvrirent la table du peintre d'un tapis de Boukhara, usé jusqu'à la corde. Enfin, ils pulvérisèrent à mort moustiques, mouches, cafards, laissant flotter partout des vapeurs acides qui picotaient les yeux.

Tandis que Wadiha se déplaçait comme une danseuse sur des pieds menus qui supportaient, par miracle, ses quatre-vingt-dix kilos, Batine, qui observait de loin tout ce chambardement, avait baissé les bras.

Pour terminer, un groupe fit le vide sur la terrasse, dérobant quelques bricoles par-ci par-là.

Une fillette s'empara des trois poussins qu'elle dissimula hâtivement sous ses jupes. La voix tonnante de Wadiha la rassura :

— Débarrassez-moi de toutes ces bestioles !

A ce cri, les quatre mendiants se jetèrent sur les poules qu'ils se disputèrent férocement, avant de s'apercevoir que leur nombre coïncidait avec le leur ; il y en aurait une pour chacun. Quant au coq, jugé assez décoratif, on le laissa arpenter majestueusement — quoiqu'un peu dépaysé — les lieux désormais vacants.

A l'aube, ayant chargé quelques femmes de la préparation des nourritures, quelques hommes de l'achat des boissons, Wadiha donna congé au reste de la troupe.

Il lui restait à exécuter la partie la plus délicate de l'opération.

A cinq, les femmes empoignèrent Batine. Le saoulant de paroles, elles le dévêtirent malgré ses cris. En moins de rien, il se retrouva nu.

Les surplombant de sa haute stature, sa large poitrine foisonnant de poils blancs et bouclés, le ventre proéminent, le sexe contrit — suspendu entre de solides cuisses prolongées par des jambes fines et des pieds harmonieux —, il les regardait s'affairer autour de lui, comme un bataillon de mouches.

Doté par la nature d'un corps bien charpenté et d'organes puissants qui témoignaient de sa virilité, il arborait, en dépit de l'âge et d'un léger embonpoint, sa nudité sans fausse pudeur. Les circonstances présentes dépassaient cependant les normes. Retrouvant ses esprits, il leur demanda, d'une voix assurée, où elles voulaient en venir.

Tandis que trois d'entre elles déplaçaient avec soin, jusqu'au centre de l'atelier, la baignoire en zinc, débarrassée de ses bouteilles vides et pleine à ras bord d'une eau bleuâtre, fumante, mousseuse, parfumée au jasmin, Wadiha lui exposa les avantages de cette proche visite.

— Un privilège pour vous et pour notre quartier.

Chaque habitant en escomptait des bénéfices ; cette gloire soudaine porterait ses fruits. La population n'était pas bornée — quelques-uns possédaient la télévision — au point d'ignorer ce que rapportent les toiles d'un peintre de renom.

— Un peintre réputé, voilà ce que vous allez devenir, grâce à ce visiteur ! Cette demeure deviendra un musée, avec entrée payante. De nombreux voisins sont déjà sur les rangs pour le poste de gardien.

Il était du devoir de Wadiha, de leur devoir à tous, de veiller à ce que cet hôte de marque soit reçu avec honneur et dignité.

Que penserait un étranger de cet univers de crasse et d'un vieillard aux vêtements barbouillés, à la face malpropre et velue ? De retour dans son pays, s'il les traitait tous de « pouilleux indécrottables », qui pourrait l'en blâmer ?

De leurs dix bras, les femmes saisirent Batine, le soulevèrent, le plongèrent dans l'eau aux bulles savonneuses.

D'abord il trépigna, les traita de « sorcières », de « marâtres », de « barbares » ! Puis, l'immersion dans l'eau tiède et parfumée amollissant peu à peu sa chair et ses humeurs, il se sentit envahi d'une lascive sérénité. Se laissant glisser jusqu'au fond, il ferma les paupières en sifflotant.

— Au moins tenez vos langues, murmura-t-il, s'abandonnant aux barbotements entre les vaguelettes odorantes.

Leurs mains s'activaient, se déchaînaient. Avec des brosses, des éponges végétales et rugueuses, elles l'aspergèrent, le savonnèrent, le frottèrent, grattèrent la plante de ses pieds jusqu'au chatouillement.

— Maudites vieilles ! objecta-t-il dans un fou rire.

109

Elles poncèrent ses genoux, ses coudes ; curèrent oreilles et narines ; frictionnèrent ses épaules et son cou.

— Cette eau devient plus noire que le limon ! se plaignit Wadiha, vidant et remplissant le bain pour la troisième fois.

Raclant son dos, massant sa poitrine et son ventre, la plus âgée s'autorisa quelques plaisanteries sur ses parties génitales :

— Elles ont encore un beau volume, bien qu'elles t'aient copieusement servi !

La remarque ne lui déplut pas.

Enfin, briqué, luisant comme une piastre neuve, elles le portèrent jusqu'au fauteuil à dorures prêté par le tapissier.

Le barbier, qui attendait son heure, le débarrassa de sa barbe, lui façonna une moustache aux bouts redressés et gominés. Il lui tailla ensuite les cheveux, lui rasa la nuque. Durant ce temps, les femmes lui coupaient les ongles des mains et des pieds, puis elles épilèrent ses gros sourcils.

Le repasseur apparut peu après, portant sur un cintre le « costume du mort ». Pour l'occasion, Wadiha l'avait tiré d'une valise, saturée de naphtaline, où elle le conservait précieusement.

En observateur de plus en plus curieux et attentif de tout ce qu'un branle-bas de cette sorte révélait de la nature humaine, le peintre se laissait manipuler. Il ne pouvait leur en vouloir, ni les laisser tomber. L'échappée hors de cette vie de misère, il n'avait pas le droit de les en priver.

Grâce à de minces revenus et à des besoins modestes, Batine avait toujours joui du privilège d'être libre, de faire ce dont il rêvait. Pouvait-il refuser à ses voisins l'occasion d'améliorer leur situation et de profiter d'un bien-être qu'ils escomptaient ?

— Tu auras bientôt une automobile, affirma le barbier. Mon fils vient d'obtenir son permis, il pourra te servir de chauffeur.

Dans un coin de l'atelier, le maître d'école et le gendarme supputaient les prix que ces toiles pourraient atteindre. Ajoutant des zéros à des zéros, ils faisaient grimper les enchères à plaisir.

Batine cessa de tendre l'oreille, tous ces chiffres lui donnaient la migraine !

Pour ces étrangers férus de ponctualité, l'heure était l'heure.

Aucune des personnes présentes ne possédant de montre, il ne restait à Wadiha qu'à se fier au soleil.

Celui-ci amorçait, tranquillement, sa descente.

Sur la terrasse, une table à rallonges avait été fabriquée dans la nuit par le menuisier. Un drap blanc, tombant jusqu'au sol, en dissimulait les imperfections.

Une abondance de « mezzés », confectionnés par les voisines, d'innombrables boissons, que le marchand de tabacs — après une collecte — avait achetées dans la plus grande épicerie de la ville, se dressaient sur la nappe immaculée. Des enfants l'avaient ornementée de fleurs, chapardées dans le jardin public.

Tout était prêt.

Il ne restait plus qu'à attendre l'arrivée de l'éminent visiteur.

Des coups de klaxon stridents annoncèrent l'entrée de la Mercedes grise dans l'impasse.

Un guide officiel, assis à côté du chauffeur, indiquait le chemin depuis l'Anubis Palace, situé au bord du Nil, jusqu'à l'ancienne demeure classée « bâtiment historique ». Le dernier parcours, dans les dédales de la vieille ville, soulevait des nuages de poussière qui retombaient sur le rutilant capot.

Suivie de près par le véhicule qui transportait l'équipe de télévision, la voiture étrangère, guettée par les habitants, se rangea au pied du domicile du vieux peintre.

Le directeur de la galerie était un homme d'une cinquantaine d'années, aux traits anodins légèrement crispés. Il portait d'élégantes lunettes cerclées de noir, dont les verres à peine teintés laissaient transparaître des yeux volontaires et vifs.

Une secrétaire à la chevelure auburn, au physique de vedette ôtait et remettait ses propres lunettes, selon le tour — tantôt familier, tantôt professionnel — que prenait la conversation :

— How special. Cet endroit est d'un pittoresque, si lourd de passé. C'est ce qui manque chez nous, n'est-ce pas, Steve ?

Il opina de la tête.

— J'y vais seul. Attendez-moi ici. Vous monterez un peu plus tard avec l'équipe. Je vous ferai appeler.

— Prenez le guide avec vous.

— C'est inutile, Helen. Le peintre baragouine dans toutes les langues, et même en anglais. Pour le premier contact, rien ne vaut un « face-à-face ». Comme vous savez, cet homme n'est averti de rien. Il faut que ce soit authentique, imprévu. Le reportage télévisé devra être saisi, en quelque sorte, sur le vif.

Penchée au-dessus du parapet, Wadiha aperçut le visiteur sortant de l'imposante voiture, puis se dirigeant vers l'entrée de leur immeuble.

L'électricien, qui attendait son signe, brancha le courant. Les ampoules colorées, suspendues le long de l'escalier, s'illuminèrent d'un coup.

L'éclat phosphorescent surprit désagréablement le visiteur.

Les vieux murs rafistolés par des plaques de ciment frais, la patine des marches voilée par un vernis plastifié, à chaque palier les dalles poncées, vernissées elles aussi, les volets festonnés — caractéristiques de l'architecture du pays — décapés, parfois repeints, lui procurèrent une véritable commotion.

L'ensemble dégageait une odeur de propre : de soude, de chlore, de potasse, de désinfectant.

On lui avait dépeint un édifice rongé par les ans, éclairé par des lampes à huile, chaque pierre portant l'empreinte des siècles. Véritable aubaine pour un cinéaste ! Mais voici qu'il se trouvait confronté à un ensemble salubre, remis à neuf, qui ne méritait pas le moindre cliché.

Il restait le peintre : « Une sorte de vieux Noé hirsute », lui avait-on assuré. La caméra cadrerait sur l'artiste. Sur lui seul. En gros plans. Elle négligerait l'environnement.

Depuis plus d'un an, la galerie de Steve Farrell traversait une mauvaise passe ; il avait misé sur la découverte de cet artiste singulier pour lui donner un nouveau départ.

Au quatrième étage, les portes étaient largement ouvertes.

D'un décor net, quasiment nu, se détachait un homme de haute taille. Correctement vêtu d'un costume sombre, comme n'importe quel directeur d'agence, celui-ci s'avançait vers le visiteur, la main tendue :

— Je suis Batine. Soyez le bienvenu.

Se glorifiant d'avoir pu métamorphoser, en si peu d'heures, le peintre et son domicile, Wadiha, tapie dans un coin de l'atelier, suivait la scène, le cœur battant.

Stupéfait, Steve Farrell saisit machinalement la main de Batine :

— I didn't expect this, prononça-t-il en bredouillant.

— Come in. If you please.

— Alors, c'est vous le peintre ?

— C'est moi.

— I was abused... Trompé..., traduisit-il, le souffle coupé.

Batine ne prêta guère attention à ces mots. Jouant le jeu jusqu'au bout, il le pressa d'entrer :

— Vous êtes venu pour mes toiles. Par ici. Je vais vous les montrer.

**
*

Orchestrée par Wadiha, la cérémonie se déclencha. Surgissant de leurs diverses cachettes, des jeunes gens présentèrent chacun un tableau au visiteur.

Sans jeter un regard sur les toiles, celui-ci cherchait à se dégager. Il repoussa ceux qui lui barraient le chemin, ignora ostensiblement les peintures et se fraya un passage vers la terrasse.

Cet espace vide, cette table dressée pour un « cocktail à l'américaine » où ne manquaient ni le gin, ni le whisky, ni le coca-cola anéantirent ses dernières illusions. Se retournant vers l'atelier, il hocha plusieurs fois la tête, sans parvenir à trouver ses mots.

— I must leave now... I shall go... I shall go... This will not do at all, at all, at all...

Les tableaux, il n'en avait cure. Évitant ces visages pétrifiés, il cherchait la sortie, répétant les mêmes mots.

— Shalgo, atole, atole... ! Qu'est-ce que ça veut dire, tout ça ? demanda Wadiha en le poursuivant.

116

Il passa le seuil en vitesse et se précipita sur les marches qu'il se mit à dévaler.

*
**

Batine, qui venait de tout comprendre, éclata d'un rire homérique !

Se tenant les côtes, le peintre tournoya sur lui-même, défit sa cravate, la lança dans les airs. Il se déchaussa ensuite, ôta son veston qu'il jeta sur le sol et piétina joyeusement.

Il envoya bientôt voler sa chemise, découvrant sa large poitrine. En dansant, en pouffant, il se félicita de la retrouver toujours aussi velue, alors que les cinq femmes avaient scrupuleusement rasé tout le reste.

Sa gaieté, ses plaisanteries se heurtaient aux visages consternés de son entourage, à la mine mortifiée de Wadiha. Contrarié par leur décep-tion, il mit une sourdine à ses exubérances. Dans son for intérieur, il continuait, cependant, à se réjouir d'avoir une fois de plus assisté au specta-cle récurrent qu'offre la nature humaine — bien que la forme en différât chaque fois.

— Mes amis, mes amis, s'exclama-t-il, quel bon repas nous allons faire ! Réjouissons-nous ensemble. Faites monter vos familles.

Sa jovialité finit par les retourner, par les entraîner.

Batine sentait des ailes lui pousser partout.

« Ce soir, je ne raterai pas mon coucher de soleil », se promit-il.

— Mon fauteuil à bascule, mon fauteuil à bascule... Sors-moi mon fauteuil à bascule, Wadiha !

Se précipitant vers l'endroit où elle l'avait dissimulé, sous un amas de couvertures, elle le traîna jusqu'à la terrasse.

Franchissant le seuil en toute hâte, l'homme s'engouffra dans sa Mercedes, après avoir fait signe au conducteur du second véhicule de le suivre.

— A l'Anubis Palace, souffla-t-il au chauffeur ahuri.

Atterrée, Helen n'osa pas lui poser de questions.

LA DERNIÈRE RONDE

pour Gisèle Prassinos

Du long couloir de l'hôpital, récemment repeint en jaune canari, on pouvait apercevoir par la porte entrebâillée de la chambre 17, tournoyant autour du lit de leur aînée, les trois sœurs de Louise. Leurs âges s'échelonnaient entre soixante-seize et quatre-vingt-trois ans.

Louise touchait à sa fin.

Elle gisait immobile, des perfusions aux bras, des tuyaux dans le nez et la bouche. Le rétrécissement de son corps, dévoilé par la blancheur enveloppante du drap, sa face rabougrie aux paupières closes la rendaient presque méconnaissable. Seule témoignait de sa présence cette respiration poussive, envahissant la petite chambre jaunâtre, pas encore rafraîchie.

Perchée, une télévision muette veillait. Son écran vide reflétait la partie supérieure de la couche ; on y voyait les tubes, un bocal, une partie du visage émacié de Louise engloutie dans les coussins.

L'espoir n'était plus de mise.

Médecins, assistants, gardes, apparus en fin de matinée, étaient sortis de la chambre en hochant la tête. La malade en avait pour vingt-quatre heures, tout au plus. Par souci d'humanité, il serait dorénavant permis aux trois vieilles sœurs de rester le temps qu'elles désiraient auprès de la mourante.

Agglutinées comme des papillons du soir autour des dernières lueurs d'une lampe, elles se rapprochèrent, se penchèrent, faisant cercle autour du visage défait de Louise. Constatant l'irréparable, elles se redressèrent et, persuadées que leur aînée n'entendait déjà plus rien, elles échangèrent par-dessus son lit des phrases rebattues et toutes ces questions que se posent, d'une manière déroutante, les humains, comme si l'éternité était un dû.

— Souviens-toi, il y a seulement quinze jours, Louise était en pleine forme.

— Elle avait même réservé sa chambre d'hôtel pour ses vacances en montagne.

— Pourquoi ceci est-il arrivé ?

— Elle se portait toujours si bien !

— Elle n'a jamais pris garde à sa santé.

— Pas assez, sans doute !

— Dire qu'en automne nous allions fêter ses quatre-vingt-neuf ans !

— J'avais trouvé les noms de ses meilleurs amis.

122

— Comment as-tu fait ? Elle les gardait jalousement pour elle.

— Moi, j'avais dressé la liste de nos proches, ajouta la cadette. Cousins, cousines, nièces et neveux...

— Nous aurions été une cinquantaine à son anniversaire.

— Quelle bonne surprise elle aurait eue ce jour-là !

— Qui aurait pu imaginer qu'au lieu de cette fête nous assisterions à ses derniers instants ?

— La vie est vraiment trop injuste.

— Pauvre, chère Louise...

Elles gémissaient, soupiraient en chœur. Essuyant quelques larmes, s'apitoyant sur leur malheur, se plaignant de la précarité de l'existence. Elles oubliaient — aperçus dans ce même pavillon — le grand nombre de plus jeunes malades, aussi gravement atteints.

La journée avait été rude. Ne s'étant pas recoiffées depuis l'aube, leurs cheveux blancs — légèrement roussis par les rayons du soleil filtrant à travers les volets tirés — devenaient des tignasses cotonneuses, hirsutes. De loin, on aurait dit des pythonisses, ou ces sorcières de *Macbeth* tournoyant autour de leur brouet.

De près, c'était différent. Cette impression affligeante se dissipait. On leur découvrait, au fond de l'œil, de la malice et du cœur ; on recueillait sur leurs lèvres un sourire prêt à germer, le tout enveloppé d'un nuage de candeur.

Bavardes, agitées, curieuses, indiscrètes, excessives, elles se rattrapaient — chacune à sa façon — par un désir intense de serviabilité, par une plaisante aptitude au bonheur.

Malgré un demi-siècle de vie à Paris, elles retrouvaient en chaque circonstance capitale — deuil ou naissance, ruine ou succès — leur atavisme méditerranéen de soleil et de larmes.

Confrontées au malheur qui écrasait leur bien-aimée Louise, elles se retenaient pour ne pas pousser des cris, se cogner la poitrine, maudire tout haut le sort qui les frappait, d'une manière inique !

Sous le débit de ces mots et de ces pleurs, Louise flottait entre deux eaux, l'oreille plus affûtée que jamais. Aucune phrase ne lui avait échappé !

Son corps l'enfermait dans un cocon, réprimant paroles et gestes. Pourtant elle aurait voulu rassurer ses sœurs et leur certifier que médecins, assistants, gardes se trompaient, et qu'elle n'avait aucune intention de disparaître. Qu'elle ne disparaîtrait d'ailleurs pas ! La vie s'agrippait à elle ; elle, à la vie. Elle en était convaincue. En ce moment même s'opérait leur « bouche-à-bouche », qui produirait bientôt son effet salvateur.

Bientôt, ces bandelettes imaginaires, qui emmaillotaient sa charpente et ses membres, se dérouleraient une à une, la libérant, l'élançant vers l'existence une fois encore.

On n'en était pas encore là.

Pour l'instant, dans l'expectative, elle s'employait à transmettre à ses sœurs, par des halètements successifs, le message de sa survie.

Mais rien ne parvint à transpercer l'épais rideau de leurs lamentations.

Persuadée que Liliane, Marcelle, Eugénie gaspillaient leurs larmes, elle se chagrinait de cette vaine désolation. Pourquoi s'étaient-elles si facilement résignées à sa condamnation ? Elles connaissaient assez Louise pour se douter que, s'il restait la moindre chance, celle-ci lutterait jusqu'au bout contre les caprices du destin.

Par moments, les réactions de ses cadettes l'excédaient. Ne se glissaient-elles pas avec une certaine délectation dans la peau des pleureuses d'antan, s'enfonçant dans un folklore déplacé, absurde, fait de gesticulations et de criailleries, tandis que la mort — si mort il y avait — aurait dû se dérouler dans un silence propice et recueilli ?

Ses sensations lui revenaient. Louise reprit

peu à peu conscience de l'ouïe, de l'odorat, du goût... Une saveur âcre tapissait son palais ; elle se dit que ces « sottes » auraient été mieux inspirées — au lieu de cette ronde larmoyante autour de sa couche — de placer quelques gouttes de miel ou même une pincée de chocolat au bout de sa langue racornie.

En fin de journée, à bout de dévouement et de fatigue, ses sœurs posèrent en sanglotant sur le front de Louise leur dernier baiser. Puis toutes trois se retirèrent sur la pointe des pieds.

Renonçant au métro, elles pénétrèrent dans le même taxi, décidèrent tacitement de passer cette triste veillée chez Marcelle, la veuve, dont l'appartement était le plus spacieux.

Elles se promirent, en outre, de ne plus jamais céder aux chamailleries qui avaient souvent ponctué leurs existences, les séparant quelquefois pour de longues périodes.

Le lendemain, Louise était là. Le surlendemain aussi.

Au bout d'une semaine, on lui retira ses tubes. Quelques jours après, on l'assit dans son lit. Ses couleurs revenues, on lui fit faire ses premiers pas.

Le médecin révisa son pronostic :

— Votre sœur, c'est une sacrée bonne femme ! conclut-il.

Quand il eut disparu, Louise confia à ses cadettes qu'elle savait qu'elle s'en tirerait :

— Mais je n'avais pas le moyen de vous faire part de cette certitude, mes chéries. Je le déplore, je vous aurais évité bien des pleurs.

Liliane, Marcelle, Eugénie ne regrettaient pas une seule de leurs larmes. Celles-ci n'étaient-elles pas la preuve concrète de leur indéfectible lien ?

— Juré, nous deviendrons centenaires toutes les quatre ! Il n'y en a encore jamais eu dans la famille, décréta Liliane, débouchant une bouteille de champagne sous les applaudissements des trois infirmières conviées à la fête.

Ce fut Liliane, la plus jeune, qui partit en premier. Trois mois après, dans un accident de la route.

La deuxième, n'ayant pu surmonter un infarctus, la suivit de près.

La troisième, Eugénie, mit six mois pour s'éteindre. Un cancer la rongeait à son insu, depuis fort longtemps.

Entre la ronde funèbre autour du lit de Louise

et la disparition des trois pleureuses, un an à peine s'était écoulé.

L'aînée était toujours là. Meurtrie, mais debout.

A cette mort tenace, implacable, à qui elle seule avait su tenir tête, Louise lança comme un défi :

— Il y aura une centenaire dans la famille ! C'est juré, mes petites sœurs, c'est juré.

LA FEMME EN ROUGE

pour Françoise et Pierre Dumayet

L'autocar cahotait de plus en plus fiévreuse-
ment. Les cailloux heurtaient les ressorts de
suspension, se projetaient dans un nuage de
poussière contre les ailes, frappaient les pare-
chocs, flagellaient le pare-brise.

Angelos, le chauffeur, n'y prêtait aucune
attention. Sous un soleil en pleine activité, il
franchissait, cinq fois par jour, les trente kilomètres qui séparaient la bourgade de Stratis de
l'extrémité de la presqu'île.

A chaque parcours, Angelos éprouvait le
même frisson de plaisir en abordant son trente-
septième tournant. Dès ce moment-là, il apercevait la mer. Sa Méditerranée, plus chérie qu'aucune femme, qu'il rejoignait chaque dimanche,
en solitaire, dans sa barque de pêcheur.

Durant la semaine, il vivait dans la boiscu-
lade. Les passagers se pressant à l'intérieur de
son véhicule formaient une masse dans laquelle
il ne distinguait plus aucun visage. Entassés à six
sur une banquette de trois, ou bien debout
épaule contre épaule, ils se raccrochaient aux
poignées, s'agrippaient les uns aux autres, résis-

tant ainsi aux soubresauts du car, à ses brusques arrêts, à ses départs intempestifs.

Coutumières du bus, une demi-douzaine de vieilles, pour qui le trajet était particulièrement long, s'accroupissaient sur le sol, dans le coin qu'Angelos leur réservait, serrant dans leurs bras un enfant en bas âge ou un panier rempli de victuailles.

Cette foule se composait surtout de paysans et de petits commerçants se déplaçant d'un village à un autre pour proposer leurs marchandises. Les touristes ignoraient ce circuit.

La plupart des femmes étaient vêtues de noir, les hommes aussi portaient des vêtements sombres.

Parmi toute cette grisaille, comment ne pas remarquer la robe écarlate, les cheveux flamboyants de la femme qui venait de surgir, escaladant la marche, présentant son ticket avant de pénétrer, souveraine, dans la mêlée ?

La foule s'écarta pour lui livrer passage. Ne faisant rien pour passer inaperçue, elle salua à la ronde, lançant de-ci de-là des bouts de phrase, prononcés avec un fort accent étranger que personne ne put localiser.

Elle dévisageait les voyageurs avec aplomb, multipliant sourires et mercis, lorsque trois d'entre eux se levèrent, d'un même élan, pour lui céder la moitié d'une banquette.

Elle s'y affala, plaquant, dans un geste d'extrême fatigue, la main gauche contre son

132

front. Mais aussitôt elle se reprit, se redressa avec bravade, distribuant des clins d'œil à ses plus proches voisins. Malgré la chaleur, elle portait sur un bras un vaste manteau en lainage noir, aux poches volumineuses et bourrées, et maintenait sur ses genoux un large sac en raphia, du même rouge que sa robe, empli à ras bord.

Son décolleté plongeant découvrait la naissance des seins, fermes et volumineux. Au bout d'une chaînette en or, une croix incrustée de rubis balayait, au moindre mouvement, au moindre soubresaut du car, sa gorge laiteuse.

Ébloui par cette apparition, Angelos s'était longuement retourné sur son passage. Il récidiva à chaque arrêt.

Durant les étapes, il cherchait à apercevoir la forme rouge dans le rétroviseur. La somptueuse crinière blonde aux reflets éclatants, descendant jusqu'aux épaules, lui cachait en partie le visage. La flamboyante tignasse surplombait la mêlée, captant tout le soleil.

L'entassement des voyageurs empêchait l'examen des autres parties du corps voluptueux de l'étrangère. Angelos n'était pas le seul à vibrer; tout l'autobus était en émoi.

*
**

A chaque station, le car se vidait de quelques passagers. La femme s'étant plusieurs fois déplacée, son siège avoisinait à présent la cabine vitrée du conducteur.

A l'un des derniers arrêts, Angelos s'octroya quelques minutes de plus pour contempler la voyageuse à loisir. Il fit carrément demi-tour sur son siège pour lui faire face.

Sa stupéfaction fut à son comble... La robe, le décolleté, la chevelure avaient masqué jusqu'ici la réalité. Malgré rimmel, rouge à lèvres et poudre, ce visage accusait la bonne soixantaine. Rides, cernes, bouffissures avaient fait leurs ravages, la verte luminosité des yeux ne les rachetait pas.

Le regard d'Angelos et celui de la passagère se croisèrent. Celle-ci venait de constater sa surprise, sa déception; ce n'était pas la première fois qu'un tel incident lui arrivait. Une détresse profonde jaillit de ses entrailles; elle courba le dos, plongea durant quelques secondes la tête entre ses mains.

Confus, interloqué, sentant la femme au bord des larmes, Angelos lança, d'une voix plus sonore que d'habitude :

— Deux stations avant le terminus. Plus que deux stations !

Le sac en raphia glissa des genoux de l'étrangère : cigarettes, pommes, oranges, miche de pain, chocolat, fromage... se répandirent sur le sol. Elle se hâta de tout ramasser, aidée par une fillette malingre et pâle.

134

— Prends ceci, lui dit-elle, forçant l'épaisse barre de chocolat dans la poche du petit tablier.

L'avant-dernière halte représentait, pour la plupart des voyageurs, le véritable terminus. Il était rare que l'un deux poussât plus loin. Mais Angelos accomplissait consciencieusement sa tâche, jusqu'au bout ; il y trouvait de la satisfaction, du plaisir. Arrivant seul au bord de la presqu'île, il s'offrait, à chaque course, un quart d'heure pour se dégourdir les jambes.

Tournant le dos à l'imposante forteresse encerclée de miradors, il se dirigeait d'un pas lent, tout en grillant une cigarette, vers la mer dont il ne se lasserait jamais. Ses cheveux blancs, touffus, bouclés couvraient sa nuque ; il marchait en chaloupant comme les marins, s'habillait comme eux : l'hiver d'une veste en laine foncée, l'été d'un tricot de coton horizontalement rayé de marine et de blanc ; et d'un blue-jean qui convenait à toutes les saisons, à tous les emplois.

Au moment de repartir, le chauffeur s'aperçut que, cette fois, l'autocar ne s'était pas entièrement vidé. Au fur et à mesure, tout le monde était descendu. Tout le monde, sauf la femme en rouge.

Celle-ci avait repris contenance, elle se tenait

le buste très droit, le nez collé à la vitre, le regard perdu au loin.

Il crut à une distraction, à un oubli.

— Vous êtes arrivée, annonça-t-il dans sa direction.

Il n'y eut aucune réponse.

— Vous descendez ? reprit-il.

Elle se retourna lentement et, le fixant, fit non plusieurs fois de la tête.

Il insista :

— C'est ici que tout le monde descend, c'est pour ainsi dire le terminus. Après il n'y a plus rien.

— Je reste, répliqua-t-elle.

— Vous n'êtes pas du pays, continua Angelos, vous ne savez peut-être pas qu'après ce village il n'y a plus d'habitations, sauf...

— Je sais, dit-elle.

— Plus rien d'autre que...

— Je sais, je sais, répéta-t-elle.

Puis, détournant la tête, elle reprit la même pose, le regard porté vers l'extérieur.

Le chauffeur remit nerveusement son moteur en marche ; il se trompa de vitesse, en subit les secousses, débraya une troisième fois. Après une série de soubresauts, l'autocar repartit, soulevant des flots de poussière autour du capot.

Angelos avait enfin compris où se rendait cette femme, malgré son accoutrement qui ne lui paraissait guère de mise.

Ce n'était pas la première fois que Giulia prenait la route dans ces mêmes circonstances.

Elle en avait connu des maisons d'arrêt, une demi-douzaine au moins de par le monde! A peine relâché, son fils y entrait de nouveau pour les mêmes forfaits : malversations, escroqueries, détournements, abus de confiance...

Les amis de Giulia s'étaient peu à peu découragés, ils ne comprenaient plus son obstination à vouloir tirer Marcello des mauvais pas dans lesquels il ne cessait de retomber.

— Ton fils a près de quarante ans, laisse-le se débrouiller à présent.

— Il est sorti de mon ventre, répliquait-elle. Je ne l'abandonnerai jamais!

Le père avait disparu sans laisser de traces. Parents, amis s'écartèrent. La petite fortune de Giulia avait pratiquement fondu.

Depuis plus de vingt ans, celle-ci vivait, à travers déboires et triomphes, selon le rythme de son fils.

Quelques semaines après ses sorties de prison, il menait déjà grande vie : palaces, grosse bagnole, vêtements chez le meilleur faiseur, chaussures à son pied chez le bottier des vedettes. Il ne manquait pas non plus de lui demander pardon, de faire des promesses pour l'avenir, de couvrir sa mère de prévenances et de cadeaux.

Il lui offrit, entre autres, cette robe écarlate, un modèle d'une star en renom, insistant pour qu'elle la revêtît les rares fois où il l'invitait à sortir :

— Avec ça tu resteras toujours jeune et belle, comme je te veux.

Elle se sentait choyée, aimée par son unique enfant. Son cœur en demeurait comblé durant les longs mois de silence, dont elle éprouvait souvent la tristesse, l'inquiétude, sans jamais lui en faire reproche.

Suivaient les périodes sombres. Soudain, comme des orages dans un ciel d'été : le téléphone à longue distance, les appels au secours.

Dans la prospérité ou le marasme, Marcello n'expliquait jamais rien ; ses affaires demeuraient un mystère. Giulia n'osait jamais se montrer abusive, indiscrète, et se contentait de mettre tout en branle — relations, argent, hommes de loi — pour l'assister.

Elle en avait visité de ces établissements pénitentiaires ! Elle en avait vu de ces murs d'enceinte, en avait contemplé de ces grilles, de ces barreaux, en avait signé de ces registres...

Au début, son cœur avait failli lâcher quand son fils était apparu au parloir avec des menottes aux poignets. Ensuite, elle s'efforça d'amadouer surveillants, gardiens, éducateurs. Elle n'eut pas trop de mal à y parvenir. Quel que soit le lieu de

détention, chacun s'accordait à vanter les quali-
tés de gentillesse, d'humour, de bonne camara-
derie de Marcello.

— Jamais il n'a cherché à s'évader. Il s'ar-
range pour rendre à tous l'existence la plus
vivable possible.

— Il est bon, mon Marcello, répliquait-elle, il
a un cœur gigantesque. Il veut que les gens
soient heureux. Mais pour lui, subitement, la
chance tourne mal.

Ils acquiesçaient. Giulia repartait rassérénée
dans son fourreau rouge.

Elle s'obligeait à porter cette robe lorsqu'elle
lui rendait visite, comme un hommage à sa
générosité ; cherchant aussi à lui prouver que,
malgré les années, pour lui faire honneur, elle
avait gardé un corps jeune, des mouvements
flexibles. Ce vêtement éclatant, serré comme
une gaine, en témoignait.

Giulia s'était usé l'existence en sauvetages puis
en dommages, en espoirs puis en désespoirs.
Lassant ses proches, décourageant deux ou trois
amants — avec qui elle avait partagé quelques
semaines ou quelques mois ; elle interrompait
brusquement ses liaisons dès que Marcello se
trouvait en difficulté, exigeant alors une disponibi-
lité absolue qui rendait impossible la vie à deux.

A travers les années, cette robe écarlate l'avait
secourue. En la revêtant, elle se donnait le

change, retrouvait une désinvolture, d'abord feinte, puis naturelle, qui forçait l'entourage à croire en l'innocence de son fils. Quelle mère réellement troublée, inquiète aurait osé s'affubler de cette façon?

Peu à peu, avec l'âge, son corps la trahissait.

Les talons hauts, l'étoffe miroitante collée à la peau l'obligeaient à des efforts, sur chaque muscle, chaque articulation. La nuit elle avait des cauchemars. Son jeune corps, enroulé d'étoffe rouge, flottait devant elle, comme une barque sur une mer démontée. Elle avait beau nager, le rappeler, lutter contre les vagues, elle ne parvenait jamais à le rejoindre. Mais jusqu'ici la réalité lui avait été propice, la jonction entre Giulia et ce corps d'autrefois avait toujours eu lieu.

Seuls ses cheveux ne subissaient pas d'atteintes. Ils avaient gardé l'épaisseur, la souplesse, le soyeux des jeunes années. Elle les traitait en les brossant vigoureusement trois fois par jour.

Durant la dernière entrevue, qui remontait à une semaine, l'avocat avait été pessimiste. A cause de ses multiples récidives, l'affaire de Marcello s'était compliquée. Il était raisonnable de prévoir qu'il en aurait pour deux ans d'enfermement.

— Deux ans. Ça ne lui est jamais arrivé, protesta Giulia. C'est trop ! Il ne tiendra pas le coup. Il faut faire quelque chose, très vite, maître Piraldi.

De son côté, elle était prête à remuer ciel et terre. Ses anciennes relations mondaines, son charme, sa convivialité avaient laissé des souvenirs qui continuaient à lui valoir du crédit auprès de quelques personnes haut placées.

— Pour le moment, ne lui faites aucune part de vos inquiétudes.

— Mais ne croyez-vous pas que...

— Jurez-le-moi, maître Piraldi, ne lui en parlez pas. Évitons de le tourmenter. Je peux compter sur vous ?

Elle le trouvait hésitant.

— Jurez-le-moi, maître Piraldi. Jurez-moi de lui taire vos appréhensions.

L'avocat jura avec réticence en hochant la tête, en soupirant.

Angelos suit des yeux la femme qui descend, boitillant, chancelant sur ses talons aiguilles, le sentier caillouteux qui mène à l'établissement pénitentiaire.

La forme écarlate se voûte, titube, se redresse.

Pris de compassion, le chauffeur se demande quel époux, quel amant, quel vieux père, quel enfant elle va visiter, affublée, surchargée ainsi.

Il crie, le plus fort possible, dans sa direction :

— Hé, là-bas, madame, madame en rouge !

Giulia l'entend, se retourne.

— Dans trois heures, je serai de retour. Je vous attends au même endroit pour vous ramener.

Elle pose sur le sol son sac en raphia, agite plusieurs fois son bras, hurle dans toutes les langues qu'elle connaît :

— Merci, grazie, thank you, muchas gracias, afkaristopoli !

Les mots d'Angelos lui ont réchauffé le cœur. Souvent elle n'en demande pas plus à la vie : des mots, de simples mots, et c'est tout de suite l'apaisement, une sorte de bonheur.

De sa main libre, la femme essuie avec un mouchoir la sueur sur son front, sur ses tempes, tamponne son décolleté. Puis, ramassant le sac, elle repart d'un pas plus leste, presque aérien.

Dès qu'elle eut signé le registre, devant la guérite d'entrée, le préposé lui confia qu'on avait cherché partout à la joindre.

142

— Me joindre ! Mais pourquoi ?

Il était entendu qu'elle venait le jeudi après-midi. La veille, le mercredi, était jour de visite de l'avocat. Celui-ci arrivait tout exprès de la capitale, dans sa limousine grise conduite par un chauffeur.

— L'avocat est venu hier, n'est-ce pas ?

Le jeune homme consulta la liste :

— Oui, hier, maître Piraldi. C'est bien ça ?

— C'est bien ça. Aujourd'hui, c'est mon jour à moi.

— C'est bien ça. C'est votre jour à vous.

Il n'ajouta rien d'autre mais s'empressa d'appuyer sur un bouton dissimulé sous la tablette pour appeler le surveillant.

L'homme en casquette s'efforça de lui annoncer la nouvelle avec ménagement.

Marcello s'était pendu, cette nuit, dans sa cellule.

Elle ne voulut rien entendre :

— Je ne comprends pas, je ne comprends pas, je ne veux pas, je ne sais pas ce que vous dites, répétait-elle, se noyant dans ses propres paroles, secouant la tête.

— Il est mort, reprit l'homme, baissant la voix et lui posant la main sur l'épaule.

Sac et manteau glissèrent sur le sol. De tout

143

son poids, Giulia tomba assise sur la banquette en fer.

Ses lèvres tremblaient, elle grelottait de froid et se recroquevillait sur elle-même.

L'homme ramassa le vaste manteau dont il la recouvrit entièrement.

L'étoffe rouge de sa robe, ses cheveux flamboyants disparurent à l'intérieur de l'épais et sombre lainage sous lequel elle s'était tassée.

Le lourd tissu ne formait plus qu'un monceau noir.

Une motte terreuse, agitée de secousses, d'où émergeaient des gémissements continus, entrecoupés de hurlements de bête blessée.

LA BALANÇOIRE

pour Lucienne Gilly

Dès que je peux échapper à la surveillance de la gouvernante, à n'importe quelle heure du jour, je cours vers ma balançoire. Elle se trouve au fond du jardin de notre villa, située dans un quartier résidentiel du Caire. Fixée à quelques pas du mur de clôture qui nous sépare des rues environnantes, elle s'oriente vers le cœur de la cité et tourne le dos à la maison massive.

Celle-ci est vaste, blafarde. Son porche ouvre sur une terrasse qui se termine par une dizaine de larges marches en marbre blanc donnant sur la pelouse. Trois balcons, aux balustrades en maçonnerie ajourée, restent toujours vides, fantomatiques, devant leurs volets mi-clos.

La mienne n'est pas une balançoire suspendue — entre deux arbres — à de puissants cordages et qui peut librement voltiger jusqu'aux cimes. Avec son siège soutenu par de fortes tiges en bois accrochées à une barre de fer, elle a, tout au contraire, un air docile, apprivoisé. Fabriquée en usine, elle ressemble à une chambre dépourvue de parois. Sagement incluse dans un espace limité, maintenue dans une charpente aux solides traverses, elle paraît dénuée de fantaisie et d'élan.

Pourtant, je me précipite vers elle avec ivresse, comme vers une échappée. Même les lames vernies de son siège, écaillées par endroits, et qui ont pâli sous l'opiniâtre soleil, m'attendrissent. J'y retrouve mon lieu, loin des murs de la maison où je sens confusément se développer toute une histoire d'adultes faite de colères et de sous-entendus ; une histoire dont je ne veux à aucun prix faire partie. J'échappe, du même coup, à l'œil acéré de la gouvernante dont la vocation, me semble-t-il, est de me harnacher au solfège maussade ou à l'indigeste calcul.

Installée sur le siège, je mets en branle le va-et-vient. Ce mouvement de bascule me hausse peu à peu au-dessus du sol, me laissant espérer qu'un jour je parviendrai si haut que j'apercevrai de mon fauteuil volant les rues avoisinantes ; peut-être, au loin, la grouillante et mystérieuse cité.

Cette cadence alternative est déjà un plaisir. Je me délecte de ce balancement, de ce tangage ; je savoure l'air qui — brassé par mes soins — surprend ma chevelure, fouette mon visage. De plus, je goûte à la solitude ; une solitude vibrante, fertile, dont je fais l'utile apprentissage.

C'est au cours de ce silence, de cet éloignement que je prends graduellement conscience de

148

l'étrangeté du destin et de celle de ma propre existence.

« Moi... Moi ?... C'est moi qui suis *ici,* me dis-je. Qui c'est, moi ? Comment suis-je sur terre ? En ce temps, en ce pays ? Et pour quoi ? »

J'éprouve le sentiment magique, grâce à une infinité de hasards, d'être en possession d'un morceau de vie. J'en sais la précarité ; j'ai appris que l'on meurt toujours et partout. Je suis à la fois éblouie et abasourdie par le privilège de vivre : « J'aurais pu ne jamais être ! »

Durant ces réflexions, mes jambes, mon buste agissent seuls. Ils me maintiennent à mi-air, en de réjouissantes allées et venues.

Je me sens fragile, fragile... Et si forte à la fois.

Loin derrière, la maison s'agite. C'est la veille d'une grande réception.

Pas de réponse à mon interrogation ; ou du moins elle s'esquive, comme me fuit la vision de ce qui se déroule de l'autre côté du mur d'enceinte.

Je ne m'inquiète pas trop. J'ai la certitude, déjà, qu'il suffit de retenir, d'alimenter en soi la question et le désir pour que ceux-ci continuent d'exister et de frayer un chemin.

Le gazon s'approche, s'éloigne. Les anneaux

149

qui enserrent la barre grincent ; le bois gémit. Mais ma balançoire ne me fera pas défaut ; elle tiendra encore quelques années, me laissant le temps de grandir.

**
**

Ce fut durant une matinée d'orage — si rare sur notre ville nichée dans le désert — que je conclus un pacte avec mes onze ans.

Les pluies s'abattent en trombe. Éclairs et rafales m'exaltent. Je suis trempée jusqu'à l'os. Je m'imagine sur une mer démontée ; j'active le flux et le reflux de la balançoire. En dépit de la tempête, de la houle, je tiens le cap.

J'épouse mon âme, avec ses turbulences, son essor. Le monde adulte chuchote à l'arrière, tend ses masques, sa défiance et ses pièges.

M'adressant à moi-même, je répète : « Je te jure de ne jamais changer. »

Je me lie ainsi, pour toujours, à mon enfance.

Se projetant au-delà — sans jamais quitter la terre —, la balançoire étendra désormais son va-et-vient, sa liberté, sa fougue, ses espoirs à travers les lieux et les années.

LES FRÈRES
DU LONG MALHEUR

pour Venus Khoury-Ghata

I

Nous étions cinq, ce matin-là. Cinq jeunes militaires de dix-huit à vingt-deux ans, casqués, bottés, en uniforme kaki, le fusil-mitrailleur en bandoulière. Les yeux sans cesse mobiles et fureteurs, nous arpentions à longueur de journée les ruelles, poussant parfois une porte du bout du canon pour surprendre ceux qui préparaient un mauvais coup.

Une fois de plus, la ville traversait une période de tension. L'avant-veille, un attentat avait fait un mort et six blessés ; une patrouille avait surpris puis capturé le poseur de bombe.

— Ces salauds, je leur ferai payer, vociféra le chef.

Se dirigeant vers la proche banlieue, il avançait à grandes enjambées, à la tête de notre groupe. De temps en temps, il se retournait :

— Dépêchez-vous ! Il faut leur faire peur très vite. Ça les empêchera de recommencer.

153

— On a déjà capturé le coupable, répliquai-je.

— Il a tout avoué durant l'interrogatoire. Nous savons où se trouve sa maison ; nous y allons !

— Pour quoi faire, puisque l'homme est derrière les barreaux ?

Sans ralentir sa marche, le chef, me fixant par-dessus son épaule, hocha la tête ; il n'avait que faire de mes arguments ! De petite taille, notre capitaine se haussait du buste à chaque mouvement. Son ceinturon, trop serré, faisait ressortir l'embonpoint des hanches qui s'évasaient à partir d'un dos étriqué. Sa casquette, très enfoncée sur la tête, dissimulait son front, ses yeux. Son col toujours boutonné, ses manches jamais retroussées, il ne découvrait ni son cou ni ses bras, même en temps de repos. On aurait dit que la partie charnelle de son apparence, celle qui ne relevait pas de l'empreinte militaire, le gênait et qu'il cherchait — se greffant à sa fonction — à n'être qu'un uniforme, qu'un équipement !

— Toi, David, arrête de poser des questions. Obéis aux ordres, comme les autres, me lança-t-il.

Le chef avançait en martelant le sol, en soulevant des nuages de poussière dans lesquels nous nous engloutissions à sa suite. Sa voix se fit tonitruante :

— Où cela mène-t-il d'hésiter, de discuter ?

154

Nulle part ! Crois-moi, David, un jour c'est à toi qu'on finira par poser des questions.

L'indignation lui coupait le souffle ; il s'immobilisa durant quelques secondes et me fit face :

— Enfin, avec qui es-tu ? Peux-tu me le dire ?

— Tantôt ici, tantôt là-bas... Avec la justice, murmurai-je.

Sans attendre ma réponse, il était reparti. Mes compagnons, qui s'amusaient de cette joute, me regardaient sans hostilité. Sans comprendre non plus où je voulais en venir.

De notre expédition j'attendais le pire : un châtiment global s'abattant sur le quartier ; ou bien des représailles envers la famille du terroriste ; ou encore un geste malhabile, un mot de trop qui déclencherait de nouvelles violences. Comment tout cela allait-il se terminer ?

Je tentais, pour la paix de ma conscience, de justifier ces actions punitives. « C'est la panique qui nous fait agir ainsi », me disais-je. La peur du présent s'ajoutait à nos peurs millénaires. « Moi aussi, le souvenir des atrocités qui s'abattent sur notre peuple depuis des siècles me glace le sang. » J'étais jeune, je voulais vivre. J'étais en plein désarroi.

Ceux d'en face n'avaient-ils pas, eux aussi, de quoi s'alarmer ? N'avaient-ils pas le droit d'exister dans la dignité ? N'avaient-ils pas des raisons de se soulever contre nous, victimes d'hier devenues ces redoutables adversaires d'aujourd'hui ? Mon esprit s'épuisait dans ce va-et-vient.

**
*

Après une demi-heure de marche, nous étions parvenus au bord de l'agglomération. Une dizaine de soldats en armes faisaient le guet ; ils étaient là depuis la veille pour prévenir ou mater le moindre soulèvement. S'approchant d'eux, le chef échangea quelques mots. La « guerre des pierres », que je ressentais comme de pathétiques appels au secours, avait repris dans une partie des Territoires.

A l'entrée du village, le chef se jucha sur un monceau de gravier, étira le buste, le cou ; tendit tous ses muscles et, nous toisant :

— Suivez-moi. Exécutez mes ordres à la lettre. C'est tout.

Il dirigea sa visière dans ma direction, ses yeux demeurant invisibles. Bravant le soleil et ces vents de sable qui jaunissent périodiquement la région, il ne portait jamais, comme la plupart d'entre nous, des lunettes teintées. La contraction de ses mâchoires gommait ses lèvres. J'entendis :

— David, tu ranges tes états d'âme, ou bien tu t'en vas !

J'étais resté. Je resterai jusqu'au bout, dans l'espoir, peut-être, de tempérer certaines exaspérations, certains emportements ? J'étais loin

156

d'imaginer une situation aussi douloureuse que celle qui allait se présenter.

— Gardez vos mitraillettes bien en vue. Il faut leur donner la frousse dès le début. Autrement, c'est vous qui trinquerez !

Nous avancions, le dos arrondi, à pas élastiques, entre les petites bâtisses. De tous les recoins, des dizaines d'yeux nous surveillaient. Je sentais leurs regards comme des flèches entre mes épaules, sur ma nuque.

Dans le ventre du quartier, les ruelles se firent plus étroites. Je reconnus la maison verdâtre dont le balcon avait fini par s'effondrer ; le mur ocre, plus délavé, devant lequel le marchand de fruits ordonnait son étalage ; le banc de ciment où les vieillards, à chaque crépuscule, échangeaient leurs souvenirs. Je me rappelais les lieux, distinctement.

Jadis, les jours de congé, ma mère me déposait chez Aziza. Celle-ci faisait des ménages dans notre immeuble ; maman et elle étaient très liées. Tout cela remontait à une quinzaine d'années, je devais avoir huit ans. Ma mère, qui était veuve, travaillait durement pour m'élever.

Plus tard, la situation s'étant détériorée, les passages d'une zone à l'autre étaient devenus impraticables. Aziza n'apparaissait plus dans notre immeuble. Nous ne faisions plus le chemin inverse.

J'avance prudemment, tandis que le passé m'envahit. Par moments, je souhaite m'arrêter, reculer ; à d'autres, je veux au contraire accélérer notre marche. Je me revois lâchant la main de ma mère et courant vers la masure où Amin, qui a mon âge, joue à la marelle devant le seuil, attendant ma venue.

Plus tard, Aziza paraît et nous invite à pénétrer dans sa maison. Elle nous comble de mots tendres, nous gave de gâteaux fourrés de dattes et de noisettes. Ensuite, elle empaquette tout un lot de friandises dans un papier journal pour maman.

Aziza fabrique un pain qui ressemble à de vastes, fines et rondes serviettes. Elle le déchire en larges parts, le bourre de fromage de chèvre baignant dans l'huile d'olive, enroule le tout. Elle nous le tend ensuite au bout de ses doigts : « Mordez ! » Nous y mordons, Amin et moi, tour à tour. J'entends encore nos rires, le sien :

— Vous avez les mêmes petites dents. Vous laissez les mêmes marques sur mon pain !

Dans la chambre contiguë, les quatre petits piaillent. Prenant plaisir au plaisir qu'elle nous offre, Aziza, durant quelques minutes, les laisse à leurs cris. Puis elle court vers eux pour les calmer.

C'est bien vers le logis d'Aziza que nous nous dirigeons. C'est bien le même : en plus vétuste et, à mes yeux d'adulte, en plus exigu. Des plaques de chaux se sont décollées, laissant à vif des pans lépreux sur les murs. Brûlée par le soleil, l'étoffe noire qui servait de volets aux deux lucarnes est devenue bistre. La porte, repeinte chaque année, est du même jaune safran.

Un de mes compagnons me confie :

— C'est la maison du terroriste. Le chef leur fera payer ce mort d'avant-hier. Son père et sa mère ont disparu dans les camps. Ici, durant toutes ces guerres, il a perdu trois autres membres de sa famille. Il faut le comprendre, il ne s'en remettra jamais !

II

Ils ont trouvé Selim la nuit dernière, après l'attentat.

Les funestes nouvelles se propagent comme l'éclair. Mon jeune frère s'était abrité chez des amis, tout près de la galerie où il avait déposé sa bombe. Nous ne l'avons pas revu depuis des mois. Il change souvent de domicile.

Après la mort de notre père, qui s'est éteint il y a trois ans, Selim a fait de brèves apparitions pour revoir ses frères et sœurs; pour embrasser notre mère Aziza, à qui il reste profondément attaché.

Il garde en apparence un visage tranquille; mais sa peau, qu'une variole précoce a ravagée, est souvent parcourue de frémissements. Ses cheveux bouclés, tassés, lui font un casque noir; son front se plisse, ses yeux d'ébène flamboient. Il mord parfois ses lèvres pour retenir un trop-plein de colère. Mon jeune frère est vêtu avec soin : un jean usé mais propre, un tee-shirt vert fraîchement lavé; des baskets, utiles pour fuir à toutes jambes.

160

Selim se rebellait déjà contre la résignation de notre père. A moi il reproche de rechercher le dialogue à tout prix.

Notre mère le supplie de se calmer. Il ne veut pas l'entendre :

— Vous vivez comme des larves ! Moi, je n'accepte pas. Je n'accepte plus !

Avant-hier la bombe a sauté : il y a eu un mort et trois blessés graves. Selim est passé aux aveux. Notre mère souffre ; elle en veut à la terre entière. Je souffre aussi, tiraillé entre ce frère que j'aime mais que je blâme et ce mort innocent. Cette lutte aveugle, violente m'horripile. J'accepte mal que les hommes, devançant leur mort, ne cessent de se massacrer.

— Tu souffres en silence, mais les autres agissent ! rétorque mon frère. Chassés de notre sol, humiliés depuis des décennies, réduits à une attente sans fin... Que nous reste-t-il à espérer ? Tes pensées généreuses, c'est bien beau ! Mais à quoi mènent-elles ? A quoi ?

Nous nous disputons, nous en venons aux mains. Son corps, son âme se crispent. Les miens aussi.

Brusquement il s'en va, nous jetant un dernier regard d'exaspération et de tendresse. Nous res-

161

tons alors sans nouvelles durant des jours et des jours...

*
* *

Cette nuit, ma mère et les petits cherchent le sommeil. Ils sont une dizaine d'enfants : ses propres filles et fils, s'ajoutant à ceux de ses trois aînés. Leurs générations se chevauchent.

Je fais le guet à l'extérieur. L'aube est largement entamée ; je respire mieux : durant le plein jour les risques d'incursion sont moindres. Avant d'entrer dans la maison pour dormir à mon tour, j'aperçois, dans un rideau de poussière, cinq hommes en armes qui avancent dans ma direction.

Le dernier tronçon de leur parcours se fait au pas de course. Je n'ai le temps de rien. Ils me bousculent pour entrer, j'entends :

— ... la maison du terroriste Selim... Oui, c'est celle-là avec la porte jaune. On ne peut pas se tromper.

Je m'interpose :

— Mon frère n'habite plus ici. N'entrez pas ! Vous allez effrayer ma vieille mère et les enfants.

— Des armes... la cachette... Fouillez partout !

Un des hommes s'approche de moi en fureur :

— Il y a eu un mort et des blessés... Un mort, avant-hier ! Tu comprends ?

Je me dresse devant la porte. Venant à bout de

ma résistance, ils foncent, à quatre, vers l'inté-
rieur. Je cherche à les suivre, un cinquième soldat
me retient :

— Ne résiste pas, ça ne sert à rien. Patiente. Ils
s'en iront vite. Tout ira bien, je te le promets.

Il a une voix chaude, presque amicale. Je me
dégage de son étreinte, je ne fais confiance à
personne. Je cherche toujours à entrer, à porter à
ma mère le secours de ma présence.

L'autre ne me lâche pas :

— Tu ne me reconnais pas, Amin ?

Le reconnaître ? Je ne veux reconnaître per-
sonne dans cette bande-là ! Brutalement, je
repousse cet homme contre le mur. J'entre.

Je le sens toujours là derrière moi, soudé à mes
pas. Je me précipite dans la chambre. Au milieu
de matelas éventrés, de paille déversée sur le sol,
d'amas de couvertures, de tiroirs tombés de
l'unique armoire en bois blanc, de vêtements
éparpillés, les miens crient, gémissent, s'aggluti-
nent. A l'indescriptible vacarme s'ajoute le martè-
lement sur les carreaux autour de l'évier, dans
l'espoir d'y déceler une cachette.

— Je suis David.

En plein tumulte, comment ai-je pu entendre
cette voix ?

— Pas d'armes. Pas d'armes ici ! sanglote ma
mère.

« David »... Ce nom m'atteint comme une
gifle ! Je me retourne pour lui mettre mon poing
dans la figure.

163

De loin, Aziza a suivi notre manège ; elle se dégage brusquement, avance à grands pas vers nous, m'oblige à reculer et, agrippant le soldat par les épaules :

— *Toi ! Toi, David ! Je te reconnais ! Tu as toujours été le bienvenu dans ma maison, tu ne peux pas laisser faire. Tu ne peux pas. N'est-ce pas, David, que tu ne peux pas ?*

David entoure ma mère de son bras ; il baisse la tête, il ne trouve pas ses mots.

Alerté par la scène, le chef nous a rejoints en hâte :

— *Hors d'ici, David ! Prends tes quartiers dehors.*

— *Je connais cette famille. C'était ma famille...*

— *Tu compliques les choses. Sors d'ici... C'est un ordre ! Je te répète : sors d'ici !*

Ma mère saisit ma main :

— *Tu vois bien qu'il n'y peut rien, Amin. Tout ça est plus fort que lui, plus fort que nous. Ne le retiens pas. Dis-lui de s'en aller.*

Je pousse fermement David vers la sortie.

— *Va-t'en.*

— *Oui, va, David, reprend ma mère. Va, mon fils, va...*

— *Tôt ou tard tu me le paieras, David ! braille le chef.*

III

Je vais, je viens, à l'extérieur, comme un fauve en cage.

Le chef a claqué derrière moi la porte jaune. Les bruits du dedans me parviennent assourdis et feutrés. Je voudrais foncer à l'intérieur, faire cesser ce harcèlement. En cet instant, je me sens étranger à mes frères de sang et si proche de ces frères étrangers.

Devant la masure d'Aziza, je m'efforce de trouver le calme. Je me persuade que les soldats, ne découvrant aucune arme, repartiront, laissant la famille quitte pour la peur. Plus tard, qu'adviendra-t-il à chacun de nous? Je n'entrevois aucune réponse à mes questions.

Reverrai-je Aziza, parlerai-je à Amin? Sauront-ils comprendre? Sauront-ils évaluer les enjeux de ces actes de guerre qui nous transforment tour à tour, les uns et les autres, en bourreaux ou en victimes, en chasseurs ou en gibiers? Un jour, effacerons-nous ces temps

maudits, rattraperons-nous ce temps dévasté ?
Un jour, pourrai-je courir vers Aziza, sans
arrière-pensée ? Pourra-t-elle m'accueillir ?
Pourrai-je un jour partager le pain avec Amin,
l'appeler « mon frère » de nouveau ?

*
**

Le vacarme s'apaise. La porte jaune vient de
s'ouvrir.

Le chef paraît sur le seuil. D'un ton amène, il
annonce que la fouille est terminée. Il prie
ensuite l'entière famille de se réunir, plus bas, au
bout de la ruelle.

Amin conduit les siens ; ils se suivent en file.
Aziza ferme la marche. J'ose à peine relever la
tête, rencontrer leurs yeux. Je le fais cependant,
soulagé à la pensée que notre départ est proche.
Le regard d'Aziza me fixe sans haine, avec
compassion.

Sortant à leur tour derrière la petite troupe
apeurée, deux soldats me frôlent et se détour-
nent. Le troisième n'est pas encore sorti. Que
fait-il à l'intérieur ?

Le silence s'installe. Un silence massif,
oppressant.

Le visage du chef est lisse, un lac après la
tempête. Il adresse un sourire à la vieille. Il se
courbe pour ramasser une bille tombée de la
poche d'un des enfants. Il lui rend cette bille et

lui tapote paternellement la tête. Je reprends espoir. Je respire.

Le dernier soldat apparaît enfin sur le seuil. Il nous rejoint, l'air préoccupé.

*
* *

Soulevée de terre, la maison explosa.

Elle vola en éclats. Pulvérisée ! Puis, retombant sur elle-même, elle s'effrita en des milliers de morceaux.

La détonation fut suivie de crépitements, de pétillements en enfilade. La secousse meurtrière alerta les gens du quartier. Ils accouraient de partout.

La masure ne fut bientôt plus que cendres et fragments, entremêlés de débris de meubles, de lambeaux d'étoffe, d'objets en miettes.

Seule la porte jaune safran — debout, intacte, son battant largement ouvert — prenait miraculeusement appui sur ce tas de ruines fumantes.

LE POIDS DES CHOSES

pour Janine et Willy-Paul Romain

En geignant, en pestant, Olivier gravit les cent vingt et une marches qui menaient à son appartement du cinquième étage, une valise au bout de chaque bras !

La première contenait un seul vêtement et des objets de toilette. Sa lourdeur résultait de l'entassement de livres, brochures, revues, prospectus gracieusement offerts durant le congrès auquel il venait d'assister. Il s'y ajoutait un nombre respectable de manuscrits. Pour emporter le tout, il lui avait fallu, à la dernière minute, faire l'achat d'une seconde valise.

Durant la pénible ascension, Olivier n'arrêtait pas de s'injurier :

— A-t-on idée de se charger comme un mulet ! Pour faire plaisir, pour n'offenser personne ? Par faiblesse, oui ! Par sottise, certainement ! Tu seras bien avancé, pauvre c..., quand tu te seras démis une épaule, déplacé une vertèbre, offert un infarctus !

Lancées dans l'espace vide de l'étroite cage d'escalier, ces invectives, ponctuées de gros mots, le propulsaient, fournissant de l'énergie à sa mécanique interne.

— Du super-carburant! s'écria-t-il, grimpant, grimpant toujours.

Soudain, comme s'il était un autre, il observa son dos voûté, sa marche pesante, son corps alourdi qui avait largement dépassé la cinquantaine.

— Allons, vieille bête, encore un effort. Ce qui t'arrive est de ta faute!

La scène était irrésistible; il éclata de rire. Cette gaieté l'abandonnait rarement; petite source tenace, elle resurgissait aux moments les plus insolites.

Avant le voyage, il s'était promis d'éviter tout ce transport Il se débarrasserait des fascicules, catalogues et brochures dans la corbeille à papier de sa chambre d'hôtel; quant aux livres et aux manuscrits, il demanderait aux auteurs de les lui faire parvenir par la poste. Bien que discrète, la chronique littéraire qu'il tenait dans une gazette régionale lui attirait un flot continu d'envois.

Ses résolutions s'amenuisaient face à ses interlocuteurs.

De loin, il pressentait l'embûche. Parfois timide, parfois effronté, l'auteur s'avançait vers lui d'un pas hésitant ou assuré. Devant son visage confiant, Olivier se sentait incapable de repousser la main qui lui tendait livre ou feuillets comme s'il s'agissait d'un morceau de sa propre chair.

La moindre réticence équivalait à une offense qu'il lui était impossible d'infliger ! Par ailleurs, son intérêt pour la personne humaine et pour la chose écrite était réel. Les ayant vécus, il connaissait l'anxiété, l'espoir qui tissent chaque page. Il n'aurait pas eu le cœur d'y résister.

— Merci, merci, répétait-il, oubliant ses résolutions, tandis qu'un volume s'ajoutait à un autre, augmentant la masse à rapporter chez lui.

Hélas, il ne possédait qu'une seule tête, quand il lui en aurait fallu dix, vingt, cent ! Il disposait d'un temps de plus en plus exigu, tandis que chaque lecture méritait attention et durée.

Devant sa porte, Olivier laissa choir ses deux valises sur le sol et respira à pleins poumons pour reprendre son souffle avant de tourner sa clé dans la serrure.

Le petit immeuble de six étages ne comportait qu'un seul appartement par palier ; les portes ripolinées en bleu marine faisaient ressortir la blancheur des murs. Son logement comprenait un séjour et une chambre, qu'il retrouvait chaque fois comme un abri léger et protecteur.

Il faisait nuit. C'était une de ces brèves journées où, dès seize heures, la ville sombre dans le noir. Il ressentait cette chute du soleil tantôt avec mélancolie, tantôt avec satisfaction, selon l'humeur. Il s'était fabriqué une réserve d'antidotes contre les désagréments de l'existence, leur opposant sur-le-champ un plaisir de même poids.

Pour faire face à l'obscurité par exemple, il avait vissé dans le globe fixé au-dessus de sa porte une lampe de forte puissance qui éclairait d'une lumière intense son étroit palier. Ce soir-là, se sentant envahi par un nuage de morosité, il se hâta de presser sur l'interrupteur. Tout étincela !

Il se mit à chantonner. Un répertoire de chansons inusables lui offrait des repères à travers peines et joies. Lui-même et ses proches s'étaient habitués à sa voix de fausset ; il le fallait bien, il chantait beaucoup.

Pour se libérer de ces assombrissements sur lesquels on achoppe trop souvent, il fallait se muscler l'âme. La rendre semblable à un poisson qui se libère de l'emprise d'une main pesante par un recentrage suivi d'une torsion, élan vital provoquant l'échappée.

Olivier poussa la porte de chez lui ; l'éclairage du palier inonda son entrée, semant une pluie d'étoiles sur ses épaules.

Son pied buta contre l'obstacle : des livres, des journaux, des lettres, jetés en vrac sur le sol

par la gardienne, toujours pressée de se débarrasser des corvées de l'immeuble.

Il recula, saisit ses deux valises, les porta à
l'intérieur. Puis il contempla le monceau de
paperasses. Durant des heures, elles l'enchaîne-
raient à sa table, tandis qu'il rêvait d'idées
neuves et surprenantes — du moins l'espérait-
il ! —, prêtes à prendre corps sur de grandes
pages blanches et que l'attente repousserait vers
le néant.

Il referma la porte. Le téléphone sonna.

Il n'avait pas eu le temps de brancher son
répondeur. A l'autre bout du fil, l'impatience du
correspondant, qui avait sans doute appelé plusieurs fois, imprégnait chaque vibration de la
sonnerie. Ces dissonances chahutaient l'atmosphère ; Olivier se retint pour ne pas décrocher.

Il alluma les différentes lampes ; le téléphone
retentissait toujours. Ce ne pouvait être Marika ;
promue grand reporter, elle sillonnait le monde
et lui avait fait savoir qu'elle ne pourrait l'appeler avant une semaine.

L'insistante sonnerie l'inquiétait ; il se précipita. Une voix brisée répéta plusieurs fois « Jac-
ques ».

— C'est une erreur, une erreur, dit-il.

L'inconnue avait raccroché ; ses accents douloureux le laissèrent mal à l'aise.

La table de travail, au lourd plateau de chêne, était recouverte d'un courrier auquel il n'avait pu répondre avant son départ. Depuis longtemps, elle n'apparaissait plus dans sa nudité, avec ses veinures et ses légers enfoncements. Surmontée de protubérances faites de livres, de missives de toutes sortes, elle ressemblait à un animal préhistorique dont le moindre remous bouleversait l'équilibre, dispersant ses bosses sur le sol.

Son agacement fut suivi de curiosité. Dépouiller tout ce courrier, y retrouver des voix amies, en découvrir d'inconnues l'emplit soudain d'allégresse.

Il s'assit sur la moquette, croisa ses jambes, amassa toute cette paperasse autour de lui. Il tria les réclames, les invitations auxquelles il était certain de ne pouvoir se rendre, et les mit en miettes. Avec son coupe-papier décoré d'un hibou, il décacheta ensuite les lettres et les lut avec appétit l'une après l'autre.

Plus tard, il prit un plaisir magique à développer chaque livre, à le palper, à lire le nom de l'auteur et le titre, à déchiffrer une dédicace, à

176

grappiller quelques lignes. L'heure s'écoula avec agrément.

Plus tard encore, il ouvrit ses deux valises, déversa par terre leur contenu. Bouquins, publications, fascicules, manuscrits, recueils, traités s'étalèrent pêle-mêle sur la moquette.

Il eut brusquement l'impression de se débattre contre les vagues d'une marée montante, contre une mer d'encre qui ne cessait de s'enfler. Étouffant sous les effluves d'imprimerie, les yeux aveuglés, il cherchait une issue, une ouverture dans ce plafond contre lequel il allait s'écraser...

Il est plus de minuit. La masse des papiers n'a guère diminué. Il n'en viendra jamais à bout ! Ces dernières heures ont filé comme le temps de la vie. Il approche de la soixantaine et ne s'en aperçoit pas ; sauf lorsqu'un effort se fait trop pesant ou quand il se regarde sur une photographie. Il a toujours évité les miroirs ; leurs images subites et fugaces sont un piège, une prison.

Olivier jette encore un regard sur ces lettres, ces livres, ces manuscrits. Comment accéder à tous leurs souhaits ? Satisfaire à toutes ces demandes ? Comment remercier, simplement remercier ? Il lui faudrait des heures ! Des heures qui grignoteraient le champ de son propre tra-

vail, qui réduiraient l'espace nécessaire à l'ami-
tié, au rêve, à la flânerie.

D'un coup il se redresse, repousse résolument
l'envahissante paperasserie ; se lève et se dirige
vers la cuisine. D'un placard il tire un sac
poubelle qu'il déplie. Revenu dans la pièce
principale, il amasse tout ce qui traîne sur le sol
et le déverse, par brassées, dans le vaste trou
gris.

Le sac est bientôt rempli à ras bord. Il le
boucle avec la ficelle en plastique accrochée à sa
base. Durant cette dernière opération, il a
soudain l'atroce sentiment de condamner au
silence, d'immoler une bouche sensible et
vivante.

Traînant le sac jusqu'au palier, puis derrière
lui sur les marches, il éprouve cependant, au fur
et à mesure de sa descente, un sentiment de
délivrance, de libération.

Olivier se coucha tout habillé et s'endormit
aussitôt.

Vers cinq heures du matin, il se réveilla, saisi
par le remords. Des gémissements montaient des
abîmes. Enclenchant le bouton de sa radio
portative, il choisit une musique tapageuse qui
assourdissait ces plaintes venues d'en bas.

Il se tourna, se retourna entre ses draps. Le

178

sommeil le fuyait. Il se leva, but un verre d'eau, se déshabilla, revêtit un pyjama et chercha, vainement, à se rendormir.

*
**

Son corps prit subitement les devants. Il le vit, ce corps, bondir hors des draps, enjamber les obstacles, s'élancer vers la porte, plonger vers les étages inférieurs.

Il n'avait d'autre choix que de le suivre !

Des filaments d'aube transperçaient la lucarne, dorant la cage d'escalier. Il dévala les marches jusqu'au rez-de-chaussée.

La gardienne, les éboueurs n'étaient pas encore passés. Dans la cour, il retrouva avec soulagement son sac poubelle.

Le saisissant des deux mains par le collet, il le jeta sur son dos, comme un cadavre dont il avait failli être l'infâme meurtrier !

Il remonta ensuite, pas à pas, les cent vingt et une marches, haletant, soufflant. Et cependant réconforté, heureux.

Heureux comme jamais !

HORREUR ET DÉLICES

pour Josette Etevenon

Mon frère et moi sommes assis de chaque côté de la gouvernante, dans la petite salle à manger réservée aux enfants.

La table ovale, recouverte d'une nappe blanche, est toujours dressée pour midi tapant. Miss Boone, le nez aigu, l'œil plus aigu encore, redresse sans cesse nos manières. Ayant quotidiennement établi le menu, selon des données très britanniques d'hygiène et de bonne santé, elle surveille la qualité et la quantité des nourritures que nous ingurgitons.

Je n'ai aucune difficulté à manger de tout, avec appétit. Sauf la viande rouge ! Je la hais, tout simplement. Hélas, cet aliment fait partie, trois fois par semaine, d'un régime forcé ; d'autant plus inévitable que notre médecin de famille, abaissant de son index la peau qui cerne le bas de mon œil, a décrété qu'ayant la muqueuse trop pâle je souffre d'anémie, et que le bœuf saignant en serait l'indispensable remède.

Ma mère les investissant l'un et l'autre de sa confiance, je n'ai plus aucun recours. J'aurais tellement souhaité que chaque jour se nomme vendredi, l'obédience religieuse des miens se limitant à cette « privation » de viande ce jour-là, et aux messes obligatoires des dimanches et fêtes !

Hassan, le Soudanais né en terre d'Égypte, s'occupe du service de la table. De profondes rides entaillent son visage d'ébène. Sa bouche est en même temps rieuse et triste. Ses yeux sont à la fois lucides et indulgents. Hassan est dans la maison depuis deux décennies ; il nous a vus naître, mon frère et moi.

Après le plat d'entrée, il change nos assiettes, emplit mon verre d'eau à ras bord, en prévision de ce qui m'attend. Il a tout de suite senti, peut-être partagé, mon aversion pour la viande rouge.

Cette chose filandreuse, que j'assaisonne copieusement, m'est exécrable sous tous ses accommodements : grillée, sautée, en entrecôte, rumpsteak, beefsteak, plat de côtes... Entre mes maxillaires, je ne rencontre que nerfs et tendons. Ma langue se contorsionne en vain pour éviter le contact ; ma salive devient âcre, mon palais est envahi de cette matière coriace. Je mâche et remâche chaque bouchée, sans parvenir à la broyer ou à l'engloutir.

— Ça te fortifiera, déclare la gouvernante, d'un ton sans réplique.

Lorsque le sang gicle sur la purée de pommes de terre, cette chair baveuse me paraît plus

184

répugnante encore. Je me figure l'étal en plein été : tout ce hachis, toutes ces tranches ; leur odeur nauséabonde sous la ronde infernale des mouches. Je me rappelle la chambre frigorifique, hâtivement entrevue, avec sa palette de sang aux murs et sur le sol ; avec ses corps décapités, enrobés d'une graisse jaunâtre se déchirant, par endroits, sur un tissu fibreux et cramoisi. Sortant de ce lieu macabre, je me souviens du patron s'avançant vers nous, l'air épanoui, un morceau de choix entre ses larges paumes saignantes. Je ne cesse d'imaginer la bête assommée, découpée, tripes et boyaux à l'air. De voir le couteau, le tranchoir, la hachette, la scie à os. De souffrir à la pensée de ce malheureux bœuf dépecé, suspendu à un croc en fer ou promené, en pleine ville, sur le dos d'un apprenti boucher.

Amnésique, j'oublie, bien à propos, mon appétit pour les poulets, canards, pigeons, et ne tiens plus compte de leurs égorgements respectifs. Je rassemble au contraire autour du bœuf et de ses figures sanglantes tous les crimes de la terre et toutes mes indignations.

A chaque repas, la gouvernante s'impatiente de ma lenteur :

— Regarde ton jeune frère, il a presque vidé son assiette, lui !

Tandis que j'emmagasine au fond de mes joues les boulettes mastiquées, je fixe, admirative, mon cadet. Celui-ci cisaille de ses petites dents carnassières cette chair fibreuse et l'avale avec contentement.

Après la mise au point d'une stratégie sans faille, Hassan ne tarda pas à me tirer d'embarras.

Il me glissa sur les genoux des morceaux de papier hygiénique, tout en me faisant comprendre, par des mimiques, qu'il me suffirait d'y enrouler les bouts de viande ruminée, puis de les laisser glisser sous la table. Plus tard, il s'en débrouillerait.

A ce manège, qui pimentait dorénavant mes déjeuners, j'avais acquis une dextérité réjouissante. Seul mon cadet s'en aperçut. Satisfait de jouer, par mon intermédiaire, un bon tour à Miss Boone, il me jetait des clins d'œil complices.

Ce jeu dura plus d'une année, jusqu'au départ de la gouvernante pour d'autres cieux et mon entrée en pension.

Avant de nous quitter, Miss Boone se félicita d'avoir décuplé mes forces. Quant au médecin de famille, il louait l'efficacité de son régime :

— Rien de tel que la viande saignante pour faire des enfants musclés et bien portants !

Citant mon exemple à maintes reprises, il se

186

promettait d'en faire profiter chacun de ses jeunes patients.

Trois fois l'an, une soirée de gala avait lieu à la maison. Interprétées par un orchestre en location, des mélodies sirupeuses suivies d'airs de danse s'élevaient jusqu'à nos chambres d'enfants.

Notre premier étage formait un cercle, percé en son milieu par un vaste espace composé d'une entrée et d'un hall immense ; ce dernier servirait plus tard de salle de bal. Cette trouée, ceinturée d'une balustrade en fer forgé, nous offrait une large vue circulaire sur tout ce qui se déroulait au rez-de-chaussée.

Dès vingt heures, Miss Boone nous désertait pour se joindre, en robe longue et cheveux frisottés, à ceux d'en bas. Ma mère la priait de veiller au bon déroulement de la réception ; elle s'en acquittait avec ardeur.

La gouvernante, qui dépassait la cinquantaine, était osseuse, avec des seins plats, une peau semée de taches de rousseur. Seul son visage, virant à toute occasion du rose au cramoisi, lui accordait, par instants, un air attendrissant et juvénile.

Elle manifestait un flair évident pour distinguer, parmi les deux cents invités, un groupe de ses compatriotes ; et elle se dirigeait alors vers eux d'un pas alerte, le cœur battant. En chœur, ils soupiraient après leur patrie, se plaignaient du climat et des coutumes de ce pays sous leur protectorat, échangeaient des nouvelles du Sporting Club dont tous les membres de la colonie britannique étaient de fervents adeptes.

Ces soirs-là, souverains des lieux, maîtres de notre sommeil, mon frère et moi étions bien décidés à ne rien rater du spectacle et du festin.

Couchés sur le ventre, nous contemplions à travers les entrelacs de la balustrade : redingotes, habits, robes, parures, fanfreluches, coiffures à plumes et à fleurs, corsages embijoutés, châles à franges... Mais nous demeurions surtout à l'affût des nourritures qui allaient bientôt faire leur entrée.

Somptueusement présentées sur de grands plats d'argent portés à bout de bras par Hassan et ses frères soudanais, les pièces montées traversaient cérémonieusement tout le hall, sous les applaudissements des convives. Le cortège disparaissait ensuite dans la salle à manger contiguë, donnant sur un jardin. Là, une imposante table ovale, recouverte d'une nappe en dentelle rose — avec ses couverts, sa vaisselle, son étincelante verrerie —, était prête à recevoir le mirifique buffet.

Plongeant au-dessus de ces merveilles, nous salivions, les yeux exorbités. Poissons, volailles, viandes, accommodés, truffés, parés, gratinés. Pilafs, croustades, brochettes, galantines... Chaque mets, ornementé, diapré, fleuri, ressemblait à une palette magique ; à un tableau irréel et pourtant consommable !

Précédés d'une musique d'une tonalité plus suave, les entremets faisaient peu après leur apparition. Défilaient sous nos regards éblouis : mousses, bombes glacées, charlottes, crèmes, tartes, meringues, gâteaux de toutes sortes, souvent illuminés de l'intérieur, rehaussés de sucre filé, surmontés de figurines, de boules multicolores, de fines baguettes pour feux de Bengale. Nous voguions en pleine féerie.

Touchant terre le premier, mon frère me tirait par la manche :

— Pourvu qu'ils ne mangent pas tout ! Pourvu qu'ils nous en laissent !

Peu avant l'aube, la maison se vidait, comme un ballon d'enfant se dégonfle sans bruit. Confettis, serpentins gisaient partout sur le sol. Le parquet, recouvert d'une pellicule grisâtre, avait perdu de son lustre.

Hassan et son équipe s'étaient engouffrés dans les sous-sols, où une série de matelas les attendaient. Il fallait qu'ils dorment et reprennent des forces avant le grand nettoyage du lendemain.

Ayant raccompagné jusqu'à la porte les derniers invités, nos parents et Miss Boone se congratulaient de la réussite de la soirée, avant de rejoindre leurs chambres respectives.

En hâte, nous nous précipitions tous les deux vers nos lits. Enfouis sous les draps, nous simulions un profond sommeil.

Au bout d'une attente qui nous semblait infinie, pieds nus, en pyjama, nous descendions, avec précaution et en silence, chaque marche du large escalier qui menait à notre caverne d'Ali Baba.

Sur la table trônaient encore, quoique partiellement entamées, les plus exquises nourritures. Munis de larges assiettes et de cuillères à soupe, nous nous servions de viandes, de poissons, salades, pâtés..., entremêlant le tout. Puis nous nous installions côte à côte sous la table.

Les pans de la nappe, retombant de chaque côté, donnaient à notre cachette la forme d'une tente, d'un refuge bien à nous, que transperçaient les rayons rosâtres de l'aube.

La seconde partie des libations consistait dans la ronde des entremets. Les capiteux délices de l'Orient se mélangeaient aux saveurs raffinées de l'Occident. Notre repas se ponctuait de rires à l'idée de cette bombance interdite, en cachette de Miss Boone. Les plaisirs clandestins de la nuit nous faisaient oublier les épreuves du lendemain. Il nous faudrait vaincre le sommeil et faire face aux trois repas scrupuleusement surveillés par la gouvernante.

Nous n'en étions pas encore là. Pour l'instant, seule régnait la fête !

LE TRAMWAY N° 9

pour Nicole Czechowski

Le terminus du tramway n° 9 se situe aux confins de la ville, à proximité de notre maison. Chaque matin, à sept heures, j'y grimpe sans hâte, persuadée que j'y trouverai toujours une place assise pour me rendre au lycée.

Quelques secondes après — ou avant —, une femme d'une cinquantaine d'années y monte à son tour. Durant le parcours qui nous sépare de la troisième station, le wagon est entièrement à nous deux. Nous nous arrangeons pour conserver une bonne distance entre nos sièges. Elle à l'arrière, moi à l'avant ; ou vice versa, nous faisant face.

J'ai seize ans, je suis au bout de ma scolarité. L'année prochaine je pars pour l'Europe, j'y entamerai mes études universitaires. Tout en moi s'élance vers ce départ. Je m'invente des découvertes, des rencontres ; l'amour n'en est jamais absent. Il m'attend, loin d'ici, au coin d'un jour très proche. Il sera fulgurant et durable. J'associe naïvement ces deux mots, persuadée que ma confiance modèlera toute mon existence. L'avenir s'ouvre généreusement devant moi ; débordante, légère, je m'y précipite avec jubilation !

Durant ce parcours, je m'interroge à propos de l'autre passagère, tassée sur elle-même, grise de peau, de chevelure et de vêtements. Je l'examine avec compassion et curiosité. Au bout du vide qui nous sépare, elle m'est livrée comme une proie. J'en ai presque honte. Tandis que les cahots du wagon nous secouent, que les roues se frottent aux rails, je ne cesse de la scruter, de l'extraire de son univers éteint, de lui construire une vie ailleurs.

Vers la cinquième station l'espace est envahi. Une foule de plus en plus dense le réduira à un mouchoir de poche. Bientôt enserrée de toutes parts, m'accrochant des deux mains à une barre de fer, je perdrai ma voisine de vue. Sans doute se sera-t-elle laissé engloutir, elle aussi, dans la multitude ? Sans doute, comme moi, aura-t-elle cédé sa place à une femme enceinte, à une vieille empaquetée dans ses robes noires, à une autre au visage négligemment voilé, ou à l'un des nombreux estropiés dont notre cité regorge.

M'extirpant avec peine de l'épaisse et mouvante muraille de chair, je quitte le tramway presque en fin de circuit. Je ne sais pas encore à quelle station descend ma passagère. (Je la nomme Denise, je ne saurais dire pourquoi.) Peut-être me devance-t-elle ? Cet entassement d'hommes, de femmes, d'enfants tapissant les parois et les baies vitrées me bouche tout le dehors.

*
**

Le lendemain nous retrouvons nos mêmes places, et je reprends mon examen de la veille.

Autour de cette Denise dont je n'ai même pas entendu la voix, j'élève un univers si terne, si délavé que toute sa personne me paraît en danger de disparition.

Ses cheveux blanchâtres, sa face pierreuse, ses yeux plombés, ses lèvres livides découragent la lumière. Une tristesse infinie l'auréole ; une tristesse qui me fascine et m'étreint. Elle semble avoir enseveli au fond d'elle-même son vrai visage, en attente d'une écoute, d'un appel.

Je lui invente un amour sans espoir, une existence sans saveur, que je tente par instants d'égayer par des joies imaginaires et furtives, des sourires passagers... Hélas, mes efforts se recouvrent de cendres ; aucune image heureuse ne se greffe à sa peau.

S'est-elle aperçue de mon manège ? Je me le demande. Depuis quelques jours — comme pour exclure tout face-à-face et fuir mon regard — elle me précède dans le wagon et s'installe sur le siège individuel accolé à la cabine du chauffeur. Elle tourne ainsi le dos à tout le compartiment.

Je me sens à la fois rejetée et soulagée, car

j'éprouve, par moments, grâce à cet écart, le sentiment d'échapper à un réel danger. J'ai la curieuse impression que, par un pouvoir étrange, cette femme tient en main le déroulement futur et pitoyable de mon destin, et qu'elle-même — en ayant pris conscience — tente de m'en préserver.

Désorientée, mal à l'aise, je tire un bouquin de ma serviette et m'y plonge, sachant pourtant que cette lecture ne sera que de courte durée. Dès la cinquième station, la cohue m'obligera à le fourrer, de nouveau, dans mon cartable, parmi d'autres livres, paperasses et cahiers.

Un matin, le hasard nous fit arriver à la même seconde devant la porte du tramway. Là, nous nous sommes heurtées au bas de la dernière marche.

Denise s'excusa d'une voix si humble et si douce que je reculai, embarrassée, pour lui céder passage. Elle insista pour que je monte la première ; je résistai. Posant sa main sur mon épaule, elle me poussa fermement en avant. Je finis par me laisser faire, en marmonnant quelque formule de politesse.

Ce simple et bref dialogue avait tout de même tissé des fils entre nous. Dès cet échange, nous nous sommes senties dans l'obligation, doréna-

198

vant, de réduire la distance qui nous séparait à l'intérieur du véhicule. Assises à proximité l'une de l'autre, nous partagions un sourire et, plus tard, quelques mots. Ensuite, comme d'habitude, nous nous levions pour céder nos places à plus âgés ou plus fatigués que nous. Puis, déportées par la foule, nous nous perdions de vue.

Au bout d'une semaine, nous nous sommes retrouvées sur une seule et même banquette :
— Il fait beau, commençai-je.
Dans cette cité au soleil coriace, la phrase était d'une plate évidence.
— Très beau, répliqua-t-elle.
— Il fera très chaud, ajoutai-je.
Elle répondit du même ton routinier :
— Oui, très chaud.
Encouragée par cette alternance de sons, je m'aventurai :
— Vous montez toujours au terminus ?
— J'habite à côté, c'est une chance.
— Moi aussi... Je descends au lycée, et vous ?
Ses lèvres tremblèrent. Elle plissa ses paupières pour maîtriser une houle d'émotions qui agitait son corps. Au bout d'un long moment, elle rouvrit les yeux, me fixa, me jaugea ; puis elle déclara d'un trait :
— Tous les jours, je rends visite à mon fils. Un danseur. Un grand, un très grand danseur.

Par vagues, les passagers envahissaient tout l'espace. S'agrippant aux barres, aux dos des sièges, je la vis, une fois encore, s'éloigner en tanguant, poussée, repoussée par la foule des voyageurs. Son regard implorant semblait me chercher. C'était comme si elle se noyait, comme si j'étais sa dernière bouée de sauvetage.

Je lui lançai quelques mots par-dessus la mêlée :

— Demain, j'ai congé... Demain je vous invite au Café des Pigeons. A quinze heures.

A l'aller comme au retour, notre tramway passait devant le Café des Pigeons, situé au bord du fleuve. A cause de son nom, de la proximité de l'eau, de ses tables éparses recouvertes de nappes à carreaux rouges, ce lieu m'attirait. Je m'étais promis de m'y rendre un jour. Mes économies suffiraient à payer nos consommations.

Agitant sa main par-dessus le flot des têtes et des épaules, elle s'écria :

— Merci. Merci ! Devant le terminus, demain, quinze heures.

Quelque temps après notre cordiale rencontre au Café des Pigeons, j'insistai pour accompagner Denise (en vérité, elle s'appelait Rosie) à l'une de ses visites journalières à son fils.

La clinique ressemblait à une vaste maison bourgeoise du début du siècle, avec son porche imposant, ses balcons ajourés. Ses murs ocre, ses volets verts étaient décolorés par le soleil et les ans. Au fond d'un jardin au gazon jauni, aux buissons grisâtres, aux eucalyptus échevelés et centenaires, j'aperçus Édouard pour la première fois.

En dépit de la chaleur, il portait une lourde cape en drap mauve. A chaque pas, celle-ci s'enroulait en volutes autour de son buste ; ou bien se déployait en ailes de chauve-souris lorsqu'il soulevait ses bras à l'horizontale. La grâce de chacun de ses gestes, de ses lentes pirouettes, leur souplesse, leur rythme me fascinaient. Pieds nus dans des sandales brunes, Édouard s'appuyait avec force sur le sol, avant de propulser son corps vers le haut. On aurait dit qu'il tentait de bousculer, de creuser l'air avec une vrille, d'y imprimer une torsion, d'y graver son escalade obstinée qui le hisserait, enfin, au-delà de sa propre forme.

Malgré le crissement de nos semelles sur le gravier, le jeune homme gardait la tête baissée, faisant mine de nous ignorer.

Graduellement il redressa son cou, rejeta sa chevelure, souleva son menton et me dévoila peu à peu son visage.

J'y découvris alors toute la beauté, toute la détresse du monde ; un regard, d'un vert inimaginable, indicible, dont je ne pourrai plus me défaire.

Mais déjà le danseur détournait la tête d'un air indifférent, lointain, pour se réfugier ailleurs ; en un lieu qui, sans doute, lui paraissait plus réel que tout ce que nous pouvions lui offrir de notre côté des choses.

Rosie l'appela :

— Diochka, c'est moi ! C'est maman.

Puis elle murmura à mon intention :

— Il ne répond à personne, même pas à moi. Mais je suis certaine qu'il m'entend, qu'il m'écoute. Surtout quand je l'appelle Diochka... Il détestait ce nom d'Édouard.

Nous nous approchâmes ; à chacun de ses tournoiements, sa cape nous frôlait. Au bout de longues minutes, il s'immobilisa en face de nous, dévisagea d'abord sa mère avant de me fixer d'un regard soutenu. Après un temps qui me parut infini, il m'adressa un sourire furtif et répété. Ensuite il me fit un signe de tête, m'invitant avec fermeté à partager sa danse.

J'hésitai, je reculai de quelques pas. Rosie me saisit par le coude pour me retenir. Mais soudain, me dégageant brusquement de son étreinte, je courus vers les bras ouverts de Diochka, cédant à un vertigineux plaisir.

Avais-je, sans me l'avouer, un cœur trop assoiffé, ou trop pétri de songes ? Était-ce, en moi aussi, le refus d'une réalité trop exiguë — à laquelle je comptais échapper par le départ,

202

l'exil — qui me précipitait soudain dans cette danse insensée ?

Je déposai mes mains dans les paumes du danseur. Il m'attira sur sa poitrine, ma joue contre sa joue.

Nous avons tourbillonné, virevolté dans l'ivresse et le ravissement d'une ronde opiniâtre. Nos jambes, nos chevelures, nos souffles s'entremêlaient. Une ou deux fois je vis ses lèvres s'écarter... Était-il au bord de la parole ?

La cape violette nous enveloppait. Enlacés l'un à l'autre, nous n'étions plus qu'une seule personne.

J'ai renoncé à partir ; ce voyage-ci me suffit.

Chaque après-midi je me retrouve dans ce jardin ombragé aux senteurs d'eucalyptus. Je me suis acheté des sandales semblables à celles de Diochka, une vaste jupe en drap bleu ; à chaque balancé, l'air brasse harmonieusement ses plis.

Rosie nous a quittés ; elle s'est envolée vers des cités lointaines. Sachant son fils régulièrement visité, délivrée de son poids d'angoisse et d'amour, elle s'est échappée pour la première fois. Elle nous écrit souvent ; elle nous envoie des photos de partout : de Paris, de Mexico, de

Montréal... Elle se découvre des parents, des amis; elle paraît plus souriante et plus jeune.

Moi, je reste auprès de Diochka, guettant ces étincelles qui transpercent, par instants, le tissu vert de ses yeux; à l'affût de paroles prisonnières qui briseront un jour toutes les digues.

— Il parlera, un jour, n'est-ce pas, docteur? Il parlera!

Le médecin hausse les épaules; cette affaire est mystérieuse, le pronostic incertain.

Parfois je me demande s'il ne faudrait pas, au contraire, laisser Édouard à ce chant profond et ne plus chercher à l'extraire de son silence. Au centre de son paysage intime, de sa ronde continue, peut-être vit-il mieux cette danse qui tournoie comme l'univers; peut-être rejoint-il mieux cette galaxie qui échappe à la brièveté du temps et à ses incidences.

D'autres fois, tout mon être crie et se rebelle contre cette sorte d'abandon.

Je ne sais plus, j'hésite...

SACRÉE MOUCHE !

pour Jean L'Anselme

> J'ai dormi mon content.
> Longtemps la mouche et moi
> on s'est regardés dans les yeux
>
> « Haïku » de Shiki (1867-1902)

Elle est là soudain, bourdonnante, incongrue, si rare sous le ciel parisien. Son apparition m'ébahit !

J'efface jusqu'au souvenir des pays chauds de mon enfance, où elle régnait quotidienne et familière. Là-bas, les mouches arrivaient par essaims, on les pourchassait à coups de chasse-mouches ou d'insecticide, on les piégeait sur de larges bandes de papier englué ; on s'en protégeait, comme de tout insecte volant, en se réfugiant sous d'épaisses moustiquaires.

Ce matin de mai, la voici : unique et virevoltante, tourbillonnant dans ma chambre aux murs blancs, aux voilages bleutés. Insouciante, désinvolte, elle joue à la danseuse, piquette l'air de son bourdonnement, s'esquive, reparaît, se terre de nouveau.

207

Les insectes m'inspirent soit du dégoût, soit une frayeur que je qualifierai de « cinématographique ». Comme dans un film de science-fiction, je les imagine souvent en grand format : géants invertébrés en mouvement perpétuel, avec des têtes rotatives à antennes, des yeux à facettes, de nombreuses paires de pattes, des ailes agitées de vibrations continues. Suceurs, piqueurs, dévastateurs, leurs corps — pourtant formés de substance vivante — s'apparentent aux machines composées de boulons, d'écrous, de cliquets, de glissières, de rivets, de bielles, de roues...

Ainsi, d'hyperbole en hyperbole, ma terreur s'installe et se ramifie.

La mouche — particulièrement la mouche — m'évoque, à d'autres moments, un univers d'immondices. Je la vois : verte ou bleue, friande d'ordures, plaquant sa forme trapue sur des cadavres de bêtes, sur des viandes avariées ; y déposant ses larves qui se gavent et se fortifient de ces matières organiques en putréfaction.

L'histoire que je me fabrique à son propos n'a soudain plus rien à faire avec ce minuscule tiret noir qui occupe, en ce matin de mai, ma chambre ; et qui s'en donne à cœur joie, zébrant le vide.

Celle-ci, je la tuerai sans pitié ; avec ce qui me tombe sous la main : d'un revers de pantoufle ou de livre, d'un coup de serviette ou de journal replié.

Ma chasse débute, pieds nus, zigzaguant à travers la chambre, la découvrant sur un mur, sur le drap, la paroi lisse d'un placard, le col d'un vase, un coin d'étagère... Ne l'apercevant plus, entendant soudain son bourdonnement tenace que je cherche vainement à situer! La remarquant de nouveau, m'élançant de-ci de-là, bondissant gauchement, me démenant à sa poursuite. Puis, lorsque je la tiens enfin à ma merci, retenant mon bras — par je ne sais quel instinct, quel interdit — au moment où il serait en mon pouvoir de l'anéantir. Imaginant ensuite son large sourire moqueur — comme celui du chat de Lewis Carroll — planant au-dessus de mes échecs successifs.

M'étant épuisée à accorder ma gesticulation à sa prestesse, mon agitation à ses agilités et, pour finir, épatée par le combat — apparemment inégal — qu'elle a victorieusement mené au nom de la vie, je décide d'une tout autre solution.

J'ouvre à deux battants la fenêtre de ma chambre et lui offre, d'un coup, soleil et liberté. Pour faciliter son envol, je me retire sur la pointe des pieds, referme la porte derrière moi. Réfugiée dans la pièce contiguë, je patiente, certaine qu'elle me tirera rapidement sa révérence, en toute dignité.

Une heure après, la mouche a disparu.

Ma journée se déroule hors de chez moi. Le soir, je referme vitres, volets, et me couche. Au moment de m'assoupir, je crois entendre le singulier bourdonnement.

Je me persuade que je rêve.

La tête dans les coussins, la couverture par-dessus, je m'endors sans tarder.

Au réveil, c'est le rituel du petit déjeuner au lit.

Magies de l'aube, qui s'affichent à travers mes carreaux, se mêlent à l'arôme du pain grillé et du café. Plaisir renouvelé de ces petites choses qui ponctuent l'existence et se savourent, inépuisablement.

Subitement, sur le revers du drap d'un blanc immaculé, j'aperçois un grain noir. Une minuscule tache, foncée et frétillante : la mouche.

Tranquille, parfaitement tranquille, elle lisse ses pattes, frissonne des ailes.

L'envie meurtrière me reprend. Cette tentation ne dure pas, l'intruse s'est déjà envolée.

Le lendemain, même tableau. Le surlendemain aussi.

Curieusement, je commence à m'attacher à
cette bestiole. J'observe ses hochements de tête,
l'étranglement qui sépare son abdomen de son
corselet, j'examine ses ailes motrices, je cherche
à voir sa trompe.

L'intérêt s'éveillant, je consulte un diction-
naire et découvre qu'elle se classe dans l'ordre
des « diptères ». J'éclaircis le sens de ce mot qui
l'apparente au moustique, au taon, à la puce. Je
m'informe plus avant, cherchant à déceler sa
différence, ses particularités.

La présence de ma mouche, je finis par m'y
faire. Et même à me complaire en sa compagnie.

Plus tard, j'extrapole. J'élargis ma vision. Je
m'émerveille des prodiges de la nature, des
performances de la vie, inscrite en ce « si peu »,
en ce « si laid ».

Désormais, il n'est plus question d'éliminer
cette « parcelle d'être » du monde des vivants.

Une étrange familiarité s'est tissée entre la
mouche et moi. Son existence, si chèrement, si
astucieusement défendue, force mon admira-
tion.

Elle ne m'évoque plus du tout ces nécrophages
avides de charogne, mais plutôt — par homony-
mie — cette petite rondelle en taffetas noir que
les dames de jadis se collaient sur le visage pour
paraître plus mutines et plus séduisantes. Elle
m'attendrirait presque !

211

Avant de sortir, j'ouvre largement les fenêtres, laissant ainsi à ma mouche toutes ses
chances d'évasion.

Au petit jour, sortant de la cuisine avec mon
plateau, j'espère la retrouver à la même place :
toute à sa toilette, guettant ma venue.

Et puis, un matin, je l'ai attendue en vain.

Lui empruntant des bribes de son langage, j'ai
bourdonné, stupidement, pour l'appeler.

Elle s'était éclipsée. Pour toujours.

Pour la première fois mon café avait moins
d'arôme. Et les magies de l'aube me parurent
bien surfaites !

A LA MORT, A LA VIE

(à partir du « Conte des deux frères »,
Ancienne Égypte)

pour Claude Pujade-Renaud
pour Daniel Zimmermann

Ils s'aimaient, c'était beau, c'était fou. Et cela durait... Depuis l'adolescence d'Antoine, depuis l'enfance de Boris. Ce dernier naquit au moment où son frère aîné atteignait ses quatorze ans.

Leur mère Irina avait donné ce prénom russe au cadet en hommage à de lointains ancêtres ; et en mémoire du grand-père Alexandro, superbe athlète au sourire velouté, à l'œil émeraude comme celui de l'enfant.

Irina mourut, d'un subit arrêt du cœur, le jour même où Boris fêtait son cinquième anniversaire : il s'en souviendrait toujours.

Lucien, leur père, représentant de commerce, était sur les routes ; sous d'habiles prétextes il ne revenait qu'à de rares intervalles au foyer. Ses quelques apparitions en famille étaient ponctuées par des coups de fil secrets, prétendument professionnels, que sa voix soudain soyeuse, onctueuse démentait effrontément.

215

Prenant son cadet par la main, Antoine l'avait entraîné jusqu'au chevet de la morte. L'enfant eut d'abord un geste de recul ; sa mère ressemblait à ces figurines en pâte molle que son grand frère modelait, puis animait en les dotant de mirifiques aventures. Le visage d'Irina présentait le même abandon, la même plasticité ; mais aucune main, aucun récit ne pouvait lui redonner mouvement et souffle.

Antoine poussa Boris à se pencher en avant pour poser un baiser sur la joue rigide et froide :

— Embrasse-la une dernière fois.

En sanglotant, il se jeta à genoux ; attirant son jeune frère dans ses bras, il le serra ensuite contre lui en murmurant :

— A la vie, à la mort !

— A la mort, à la vie ! reprit l'enfant.

La nature différente des deux frères se définissait déjà dans l'ordonnance de ces six mots : les uns s'achevant par la mort, les autres se terminant par la vie.

Les visites expéditives de leur père se transformèrent rapidement en absence totale. Au bout de trois mois, Lucien disparut à jamais.

Boris révérait son aîné qui lui tenait lieu de père, de mère, de conseiller, de soutien, de compagnon.

Antoine interrompit ses études pour garantir celles de son frère. Travaillant de jour dans la librairie-discothèque d'une grande surface, il surveillait, une partie de la nuit, un vaste garage en sous-sol. Boris lui devait sa scolarité, son entretien, ses plaisirs. En fin de semaine, Antoine initiait son jeune frère à la pêche, aux randonnées à bicyclette, au basket-ball. Il lui révéla surtout la musique, lui acheta une flûte, un harmonica, suivis d'une guitare, et découvrit bien vite que son cadet était le plus talentueux des deux.

L'enfant s'étoffait, se charpentait, grandissait ; bientôt il dépassa son aîné d'une tête. Sa voix était tonique, ses yeux verts contenaient autant de fougue que de bonté. Un mélange de grâce et de vigueur rayonnait de toute sa personne.

A l'aube de ses seize ans, Boris piaffait d'impatience à l'idée d'affronter le monde ; tandis qu'Antoine, exténué, paraissait de plus en plus chétif.

Quelque temps après, ce dernier tomba gravement malade. Toutes ses énergies, toutes ses défenses se relâchèrent d'un coup. Une étrange maladie venait de le saisir ; elle attaqua ses quatre membres, les rendant douloureux, inactifs. Bientôt le jeune homme ne put se déplacer qu'entre deux cannes.

Boris se révoltait contre le destin et s'en voulait d'avoir, malgré lui, abusé des forces vives de son frère. Ce frère si aimant, si généreux, qui avait sacrifié sa propre jeunesse pour que lui accédât pleinement à la sienne.

A son tour, Boris s'occuperait d'Antoine. Il le soignerait, le guérirait :

— A la mort, à la vie! répétait-il. Je t'en sortirai, tu verras.

L'adolescent s'engagea comme serveur dans un bar à la mode, accumula les pourboires; joua, les nuits, dans une petite formation de rock. Il se fit de l'argent, installa son frère dans une maison de santé reconnue pour soigner cette maladie des os. La clinique, située au sommet d'une falaise, avait vue sur la mer du Nord.

Grâce à des exercices appropriés, à des soins divers, les médecins affirmaient que l'on pouvait raisonnablement escompter sinon une guérison totale, du moins de notables améliorations dans l'état de santé du malade.

De larges yeux, fiévreux, bleus et bordés d'épais cils noirs, dévoraient le visage d'Hélène. Tout le reste était insignifiant. Elle avait le cheveu maigre, électrique et brun; un corps étroit, agile. Revêtue de sa blouse immaculée d'infirmière, chaussée de souliers plats en toile écrue, elle se déplaçait, rapide et silencieuse, autour du lit d'Antoine.

Hélène avait une quinzaine d'années de plus que lui. Elle s'attacha à son malade; il avait une sensibilité, des attentions rares, un effacement qu'elle n'avait jamais rencontrés. Lui l'aima, avec passion.

Pour la première fois de sa vie, Antoine pouvait s'abandonner, se livrer à des mains compétentes, apaisantes, se laisser guider. Ses responsabilités, ses heures de travail prolongées ne lui avaient permis jusqu'ici que des amours hâtives ; le développement et l'avenir de Boris avaient occupé la plupart de ses pensées.

A présent, il arrivait à Antoine d'oublier son jeune frère. Même de ne plus répondre, par retour de courrier, à ses nombreuses missives.

L'infirmière avait passé la plus grande partie de son existence dans un monde clos. Un monde fragile de maladies chroniques, trop souvent incurables. En perpétuel contact avec la souffrance, elle côtoyait aussi la mort.

Pour mieux se consacrer à son métier, Hélène avait réprimé sa nature ardente, sensuelle, ne la découvrant que par éclairs durant certaines de ses nuits. Le sommeil ranimait alors son corps voluptueux. A travers des lambeaux de rêves, ce corps se déchaînait, se vengeait de la grisaille des sentiments vécus, de la pauvreté des sensations expérimentées.

Le médecin-chef de la maison de santé, qui dépassait la soixantaine, l'avait épousée par commodité et par habitude il y avait une dizaine d'années. Il l'abandonna, peu après, pour un second mariage avec une jeune anesthésiste. Tous deux s'installèrent dans le Midi, où ils fondèrent une clinique de chirurgie esthétique au rendement fructueux.

Goûtant, dans la pénombre, aux plaisirs subtils qu'Hélène lui offrait sous les draps — d'abord par compassion, ensuite par tendresse, sans jamais participer elle-même à cette jouissance —, Antoine, de plus en plus amoureux, ne songea plus qu'à faire d'elle sa femme. Bouleversée par l'intensité de son amour, éprouvant une solitude que les années ne feraient qu'accentuer, après quelques jours d'hésitation, elle accepta son offre.

Ils s'épousèrent aussitôt. L'infirmière poussant la chaise roulante de son futur époux devança dans la salle des mariages de la mairie les deux témoins choisis sur place.

Boris n'en fut averti que cinq semaines plus tard.

« *Je suis dans le bonheur, petit frère. J'aime, je suis aimé. Je bénis ma maladie, sans elle je n'aurais jamais rencontré Hélène !*

« *Je ne t'ai pas annoncé notre mariage tout de suite, je voulais aller mieux, et t'offrir le spectacle d'un Antoine installé chez lui (les médecins m'en ont donné l'autorisation), te recevant avec sa femme.*

« *Nos fenêtres donnent sur le port. Elles s'ouvrent sur la mer, sur les barques des pêcheurs, sur de grands voiliers, sur l'horizon, sur tout ce que tu aimes... Viens ! Viens vite, frère chéri. Je serai chez moi durant encore trois semaines, avant les nouveaux traitements qui me mèneront encore plus loin sur le chemin de la guérison.*

« Je sais combien ma joie multipliera la tienne. Nous t'attendons à déjeuner le dimanche qui te convient.

« Antoine, ton frère de toujours. »

Boris s'annonça pour le prochain week-end. Il bourra le coffre de sa voiture de victuailles, de boissons, de plantes d'appartement, et prit la route à l'aube d'une belle journée d'été.

La nuit précédente, pris de fièvre et de convulsions, Antoine avait dû, en hâte, réintégrer la clinique à bord d'une ambulance. Il avait insisté pour qu'Hélène ne décommandât pas son frère :

— Vous ferez connaissance. Après le repas, amène-le-moi ici. Nous aurons tant de choses à nous dire.

Midi. Devant la fenêtre largement ouverte, Hélène regarde au loin.

Le soleil éclabousse tout le dehors. Ses rayons crayonnent le ciel, ses pigments ensemencent les flots, ses feux se nouent en un globe incandescent.

Derrière elle, la table est mise pour deux.

Subitement, l'atmosphère s'épaissit. D'inquiétants nuages rôdent au-dessus des toits, des rochers, des embarcations. Graduellement, les clartés se ternissent. Les teintes dorées, cuivrées passent au gris ardoise. L'air est moite. Le ciel se déchire. Les nuages déversent en mitraille des gouttelettes dures comme le plomb.

Hélène se sent oppressée, captive d'une cage ténébreuse. Le vent, qui s'engouffre dans la pièce, l'attaque de front. Engourdie, elle ne songe même plus à clore les vitres. Elle est pareille à ces fûts d'arbres aux rameaux figés qui traînent parfois sur les grèves, livrés à la voracité des vagues. Elle ressemble à ces tronçons de bois mort.

Hélène se penche, se penche encore, dans un vertige, le buste tendu vers l'extérieur. Hélène a faim, a soif d'elle ne sait quoi !

Les yeux fermés, la bouche ouverte, haletante, elle respire la bourrasque.

Dans son dos, la porte vient de s'entrouvrir.

Cette porte n'est jamais verrouillée lorsque quelqu'un se trouve à l'intérieur. Marie-Rose, la voisine, qui surgit au moindre bruit sur le palier, l'explique au visiteur :

— Vous êtes drôlement chargé ! Mais il suffit de pousser de l'épaule ou du coude, la porte s'ouvrira.

Un fort courant d'air soulève les bords de la nappe blanche, balaie le dos d'Hélène qui se retourne brusquement.

222

Effaçant d'un coup les ombres du paysage, une image éclatante lui fait face.

Un jeune homme d'une vingtaine d'années emplit de ses larges épaules toute l'embrasure de la porte. Sa tête aux cheveux bouclés et blonds touche le linteau. Sa chemise de coton jaune aux manches retroussées colle à son torse comme une seconde peau :

— J'ai attrapé toute la pluie. Quel temps !

Il rit aux éclats, dépose en vrac tous ses paquets sur la table :

— Salut, Hélène ! Je viens fêter votre mariage. Je suis Boris.

Antoine n'avait jamais décrit ce jeune frère qu'Hélène ne quittait plus des yeux. Elle se retourna pour refermer la fenêtre. Son chemisier, aussi trempé que la chemise de Boris, lui moulait les seins.

— Oui, quel temps !

— Où est Antoine ?

Elle lui raconta les événements de la nuit. Le malade ne pourrait sans doute pas quitter sa chambre durant plusieurs jours.

Les traits de Boris se décomposèrent ; il ne pensa plus qu'à rejoindre son aîné.

— Allons à la clinique, nous déjeunerons avec lui.

— Ce n'est pas possible ; votre visite n'est

autorisée qu'à partir de trois heures. Il faut à votre frère du repos, beaucoup de repos.

Boris se laissa tomber sur un siège ; le front dans ses mains, il répétait :

— Pauvre Antoine... Je suis déçu, vraiment déçu.

— Prenons le temps de déjeuner ensemble, Boris. Antoine y tient beaucoup. Ensuite, nous irons sabler le champagne avec lui.

Dehors, le soleil s'efforçait de reprendre sa place. Quelques rayons parvinrent jusqu'à la fenêtre.

Boris jeta un coup d'œil sur sa belle-sœur. Il la jugea trop maigre, avec des yeux trop grands qui dévoraient son visage. Mais puisque son frère l'aimait et la trouvait à son goût, tout était bien.

— Vous rendez Antoine si heureux. Merci, Hélène !

Ils mangèrent. Soutenu par le vin, l'appétit leur revenait. Boris chercha à obtenir des détails sur le mal dont souffrait son frère. Mais Hélène, qui tentait de sauver ce repas, cette détente, de tous les tourments passés et à venir, repoussait à plus tard les explications.

Tandis qu'il se régalait, elle le fixait avec ravissement, se réjouissant de le voir se resservir. Ils vinrent facilement à bout d'une bouteille de bordeaux.

Au fur et à mesure du déjeuner, elle s'extrayait de son univers morbide, se dépêtrait de l'inquiétude, échappait à ces persistantes odeurs d'hôpital qui s'incrustent dans les narines, se dégageait d'un monde languissant.

Remis de son anémie, le soleil transperçait allègrement les vitres.

— Votre venue nous fait un tel plaisir, Boris.

Elle avança sa main pour saisir celle du jeune homme. Découvrant soudain au regard d'Hélène un charme fiévreux, émouvant, il conserva cette main dans le creux de la sienne.

— Quel bonheur qu'Antoine vous ait trouvée ! Quel bonheur, Hélène.

Le contact de cette paume chaude et charnue troubla Hélène. Ses doigts tremblèrent. Des frissons lui remontaient jusqu'aux aisselles.

Elle remarqua la musculature de l'avant-bras, la veine bleue qui la parcourait, la solide articulation du poignet. Subitement elle sursauta, comme si elle venait de se brûler, et retira sa main. Puis elle disparut dans la cuisine pour rapporter une seconde bouteille de vin.

Boris la déboucha, emplit leurs deux verres. Hélène but. La chaleur devenait intense.

— J'étouffe, dit-elle en déboutonnant son corsage.

Retombant en désordre sur son front, ses cheveux paraissaient plus sombres et plus touffus. Elle les replaça d'une manière hâtive, dégageant ses yeux ardents, étranges.

Au dessert, poussée par une force irrésistible, elle se leva d'un trait et s'approcha de Boris.

Elle se pencha, prit sa tête entre ses deux mains. Dans un geste ferme et doux, elle attira, guida cette tête jusqu'à sa poitrine. Puis elle pressa ce front, cette bouche contre sa gorge, à la naissance de ses seins.

Étourdi par la boisson, Boris se laissa faire sans résister.

Combien de temps cela avait-il duré ? Quelques secondes, une éternité ?

Une sensation d'euphorie, de volupté conquérante les tenait accolés, soudés l'un à l'autre. Sentant les délices de ces lèvres humides, de cette langue, de ces dents contre sa chair, Hélène maintenait la pression sur la nuque du jeune homme.

La jouissance fut vertigineuse ; elle s'y livra tout entière.

Le sang battait à un rythme accéléré aux tempes de Boris ; il chancela sous le plaisir. Une sensation de béatitude que rien ne pouvait enrayer s'empara de tout son corps jusqu'à la détente.

D'un bond, propulsé par une rage soudaine, Boris fut debout. Le visage blême, il piétinait le sol comme s'il cherchait à se dégager d'une nasse, à s'extraire d'un marécage.

Il renversa la chaise, repoussa avec violence cette femme subitement inconnue, détestée. Pour éviter de tomber, Hélène s'accrocha à la nappe. Une partie de la vaisselle glissa, se brisa sur les dalles.

— J'efface, j'oublie tout ! hurla-t-il. Tout cela n'a pas eu lieu. N'aura jamais lieu. Jamais plus !

Il se dirigea ensuite d'un pas rapide vers la porte, qu'il faillit arracher de ses gonds. Se retournant une dernière fois, il lui lança d'une voix cassante :

— Jamais plus, vous m'entendez ! Antoine ne doit rien savoir, ça le tuerait. Vous lui direz que j'étais venu pour quelques heures, que j'étais très pressé, que je n'ai pas pu attendre. Je reviendrai le voir... à l'hôpital.

Clouée sur place, Hélène le fixait, muette, les bras ballants.

Il disparut, laissant derrière lui la porte béante.

Après son départ, alertée par tout ce vacarme, Marie-Rose se glissa dans la pièce. La voisine détailla d'un œil furtif l'état des lieux, remarqua la blouse d'Hélène ouverte jusqu'à la taille.

— J'ai entendu du bruit...

— Mon beau-frère, interrompit Hélène, sans rien trouver à ajouter.

— Il est bien jeune. Et bien pressé ! proféra l'autre.

Hélène se rendit auprès d'Antoine un peu plus tard dans l'après-midi. Elle le trouva assis dans son fauteuil, les pommettes plus roses, les yeux brillants, dans l'attente de la visite promise.

A l'annonce du départ de Boris, il pâlit. Il ne parvenait pas à croire que son frère était reparti sans chercher à le voir. « A-t-il réellement changé ? » se demandait-il.

Il posa ensuite des tas de questions à sa femme, en la fixant d'une manière bizarre. Hélène s'en alarma aussitôt ; s'affolant à l'idée qu'il puisse, un jour, apprendre la vérité.

Lorsque Antoine retournerait à la maison, Marie-Rose se trouverait, comme d'habitude, sur le palier de leur logement. Ses propos hâtifs, inconsidérés risqueraient d'éveiller de sérieux soupçons.

Redoutant l'effet sur le malade d'une révélation de cette nature, Hélène, d'abord indécise, finit par s'écrier :

— Ne me parle plus jamais de ton frère !

— Que veux-tu dire ?

En plein désarroi, elle poursuivit, d'une voix blanche :

228

— Je l'ai mis à la porte de chez nous. Pour toujours !

D'instinct, elle appliqua ses mains ouvertes contre son ventre, sa poitrine, comme si elle cherchait à se protéger. Antoine hésitait, ou se refusait à comprendre :

— Explique-toi, Hélène.

— Ne me force pas à revivre cette scène horrible.

— Mais quelle scène ?

Elle le vit trembler, blêmir. Secouée de sanglots, elle laissa échapper des bribes de phrases entre ses hoquets : Boris l'avait entraînée de force, l'avait jetée sur le lit, l'avait assaillie...

Elle finissait par croire à ses propres mensonges.

Le résultat fut désastreux. Les poings cramponnés aux accoudoirs de son fauteuil, Antoine secouait la tête, frissonnait de tous ses membres.

— Assez ! gémissait-il. Assez !

Elle s'approcha, entoura ses frêles épaules, le berça comme un enfant :

— Rien ne s'est passé. Rien ! Je te le jure, Antoine. J'ai pu le repousser. Je l'ai jeté dehors. Marie-Rose l'a vu partir. Il a fui comme un voleur !

Une chape de détresse s'abattit sur Antoine, obscurcissant sa vision. Plus que de jalousie, il souffrait d'avoir été trahi par l'être qu'il avait le plus aimé au monde.

Désespérée d'avoir été la cause d'un tel saccage, Hélène continuait de le serrer dans ses bras :

— Nous ne le reverrons plus, marmonnait-elle. Jamais plus, jamais plus, jamais plus...

Quelques secondes d'intense plaisir, de bonheur fulgurant venaient de faire culbuter leurs existences. C'était trop cher payer. Trop cher !

Elle ne savait plus si elle éprouvait du remords ou une sourde révolte, tandis qu'Antoine, à voix basse, répétait :

— Je le tuerai. Je le retrouverai et je le tuerai.

Conduisant comme un fou en direction de la capitale, Boris cherchait à accumuler des kilomètres entre son frère et lui ; entre lui-même et cette femme qu'il avait désirée plus qu'aucune autre.

Au bout d'un mois, il lâcha ses divers métiers, rassembla ses économies et s'expatria.

Sa musique lui ouvrit des portes un peu partout. Mais il ne faisait que passer ; errant d'un continent à l'autre, d'Afrique en Australie, puis vers les Amériques.

De plus en plus méfiant, de plus en plus morose, il ne s'étonna pas de recevoir, à l'une des postes restantes qui jalonnaient sa route, une

230

missive de son frère : « Où que tu sois, un jour je te retrouverai, Boris. Et je te tuerai. »

Il devina ce qui avait été dit. Jugeant qu'un amour sauvegardé était plus vital qu'un lien fraternel, il accepta tout le blâme.

Son physique lui valait toujours d'innombrables conquêtes. Glissant d'une aventure à l'autre, Boris traitait les femmes avec distance et mépris.

Une seule, Marina, faillit le retenir. Elle terminait ses études de droit ; elle était jeune, fortement éprise. Dès qu'il s'en aperçut, il provoqua la rupture.

— As-tu seulement un cœur ? se plaignit-elle.

— Je n'en ai plus. Je m'en suis délivré. Il est ailleurs, très loin, suspendu à l'arbre de mon enfance, dans un jardin défendu.

Marina ne put rien en tirer de plus. Se doutant qu'elle touchait à une plaie encore vive, elle n'osa pas insister.

Personne n'avait compté dans la vie de Boris plus qu'Antoine, ce frère protecteur. Ce frère devenu malingre, souffreteux, qui avait sacrifié, pour l'élever, une partie de son existence. Il ne se pardonnerait jamais de lui avoir porté un coup aussi grave.

C'était là son terrible secret. Un secret sans partage.

Dix années s'écoulèrent. Boris subsistait grâce à son talent de guitariste ; mais, devenu instable,

231

versatile, changeant sans cesse de formation, il lassait ses partenaires. Traversant de longues périodes de chômage, il se mit à boire, à se droguer ; perdit peu à peu de sa force et de son éclat.

Un soir, en plein concert, il fut terrassé par une attaque. Le lendemain, il accueillit le grave pronostic du médecin avec soulagement.

Après des nuits d'insomnie, Boris plongeait dans un sommeil agité de cauchemars. Dans ses délires, il se découvrait parfois sous l'aspect d'un taureau.

Au centre d'une arène sans public, le pelage piqué d'une vingtaine de cornes, il faisait face à un Antoine livide, dont l'habit de lumière gisait sur le sol. L'animal que Boris était devenu fonçait soudain en direction de son frère. Pieds, jambes, torse nus, vêtu d'un minable caleçon bleuâtre, secouant désespérément sa muleta.

Galopant à sa poursuite, soulevant sous ses puissants sabots des flots de poussière soufre, Boris s'époumonait, suppliant son aîné de se réfugier derrière les palissades où il ne pourrait plus l'atteindre.

Poussé par une force irrépressible, le taureau se sentait condamné à charger la victime jusqu'à la mise à mort. Antoine persistait cependant dans sa marche dérisoire et macabre, continuant d'agiter son lambeau d'étoffe écarlate.

D'autres fois, Boris et Antoine se trouvaient

métamorphosés tous deux en palétuviers. Il rapportait de ses voyages d'Afrique et d'ailleurs un lot d'images exotiques qui surgissaient pêle-mêle dans ses rêves.

Noués l'un à l'autre par d'innombrables et fibreuses racines, entrelacés par les mêmes branches grimpantes qui étreignaient leurs troncs, ils s'entravaient mutuellement.

Leurs formes jointes se reflétaient dans les eaux tropicales d'une rivière stagnante.

Boris venait d'avoir trente ans. Miné par les chagrins et la maladie, le teint blafard, les épaules rentrées, il ne cherchait plus qu'à se détruire. Mais au bord du suicide un sursaut de vitalité le retenait chaque fois.

Les aventures ne le tentaient plus. Les femmes ne s'approchaient de lui que pour le plaindre. Sauf Marina.

Celle-ci veillait à distance. Lucide, aimante et tenace, elle avait fini par percer son secret.

Au bras de Marina, Boris inaugurait une lente convalescence en se promenant dans l'une des allées de Central Park.

De loin il vit s'avancer vers eux, d'un pas assuré, un bel homme aux cheveux gris. Il le reconnut quand ses yeux plongèrent dans les siens.

Entraînant la jeune femme, Boris chercha à s'éloigner. Puis, se ravisant, il se retourna pour affronter, avec une sorte d'abandon, la menace : « Un jour je te retrouverai et je te tuerai. »

Il en fut tout autrement.

L'homme s'approcha, serra Boris dans ses bras :

— Je suis Antoine, ton frère de toujours.

Échangeant un sourire complice avec Marina, il gardait son cadet contre lui, murmurant :

— Hélène m'a tout raconté avant de mourir. Depuis huit ans je te cherche partout pour me faire pardonner. C'est grâce à Marina...

Boris reconnaissait à peine son aîné. La maladie s'était dissoute, effaçant ses traces. Les yeux s'éclairaient, les traits s'étaient raffermis.

— Comme tu as changé, Antoine.

— Toi aussi tu as changé. Mais, avec Marina, je te guérirai. Mon fils s'appelle Jean-Boris, il attend de te connaître. Valérie, ma femme, aussi.

L'image d'Hélène s'imposa, explosive, déchirante, créant un lien désormais indestructible entre eux.

— Hélène s'est suicidée, peu après la naissance de l'enfant. Elle nous aimait l'un et l'autre. Jusqu'à en mourir.

Bouleversés par un même sentiment de douleur, d'arrachement, leurs regards se croisèrent longuement.

234

La place vide et sans échos, au creux de sa poitrine, s'entrouvrait. Boris se sentait prêt à accueillir de nouveau son cœur en exil, si cruellement, si longuement abandonné.

— A la vie, à la mort, prononça-t-il.

— A la mort, à la vie ! reprit Marina, ordonnant les mots comme jadis.

NÉE DES TÉNÈBRES

pour Richard Rognet

S'éveiller au bord de la nuit pour surprendre l'aube. Être à l'affût du léger hâle qui teintera, bientôt, la façade voisine, piquée de ses quatre fenêtres aux volets blanchâtres, à moitié ouverts.

Accueillir ces naissantes et timides lueurs qui émanent, graduellement, de l'immuable horizon. Un horizon masqué par les tentures de pierre du paysage urbain.

Domiciliée dans une rue étroite et citadine, chaque matin, de mon lit, j'assiste aux premières jongleries du soleil sur le mur d'en face. Je découvre, sur l'enduit encore blême, un fragment de ce clair-obscur qui accédera peu à peu à la franche clarté.

A cette heure, on n'aperçoit personne. Même pas une ombre derrière les voilages opaques.

Captive du châssis de ma propre fenêtre, j'observe le bref espace du petit immeuble qui s'offre à ma vue. J'examine cette surface limitée et close. Elle se présente comme un écran sur lequel se dérouleront bientôt les mouvements du soleil et l'animation de l'existence.

Selon le climat et les saisons, ce crépi se couvrira de toutes les variations, de toutes les subtilités de la mise au jour. Approche ténue et vaporeuse du matin sur le point de naître.

Lentement, la vie reprendra racine.

Née des ténèbres, l'infaillible lumière, fidèle et quotidienne, enduira bientôt ce morceau de mur. Elle se réverbérera sur les vitres, tapissera le pignon, argentera les gouttières, s'étendra sur les tuiles brunâtres, rejoindra ces étangs bleutés qui se dégagent par bribes du tissu nocturne.

Toute cette pâleur se colore : les lamelles des volets deviennent carrément blanches, les vitres miroitent, le zinc des chéneaux s'enlumine dans l'attente de l'habituelle tribu des pigeons à la pataude démarche.

En quelques minutes le décor s'élucide.

Évidence du jour, extirpée des broussailles et des alarmes de la nuit.

Derrière les voilages soudain plus transparents, des corps bougent. J'aperçois un torse d'homme. Je devine un bras d'enfant, un profil de vieillard. Des mains de femme écartent les volets. Je leur invente une histoire, à mille lieues, sans doute, de la réalité.

Novice, la lumière hésite encore, avant d'entraîner les heures, par gradations, et de reflets en reflets, vers l'éclat annoncé de midi.

Née des ténèbres, la lumière s'affirme, règne, dispose des pleins pouvoirs.

Puis, fidèle aux cycles, elle se dégrade, s'effrite, avant de sombrer dans la nuit.

Fiable, pourtant, comme l'espoir, la lumière expire pour mieux renaître, en de neuves et proches éclaircies.

Certains de ces textes ont paru dans diverses revues : *Autrement, Brèves, Serpent à Plumes, Nouvelles Nouvelles, Mediterraneans* (Manchester)...

« Mon père, mon enfant » dans un recueil collectif, *Voies de pères, voix de filles*, édité par Maren Sell.

« A la mort, à la vie » dans *Triolet*, collection Nouvelles Nouvelles dirigée par Claude Pujade-Renaud et Daniel Zimmermann.

TABLE

L'ancêtre sur son âne   7

Face au présent 25

En route vers le mot 35

Le cimetière des Libres-Penseurs 43

L'ermite des mers 63

Mon père, mon enfant 79

Les métamorphoses de Batine 91

La dernière ronde 119

La femme en rouge 129

La balançoire 145

Les frères du long malheur 151

Le poids des choses 169

Horreur et délices 181

Le tramway n° 9 193

Sacrée mouche ! 205

A la mort, à la vie 213

Née des ténèbres 237

*Cet ouvrage a été composé
par l'Imprimerie BUSSIÈRE
et imprimé sur presse CAMERON
dans les ateliers de la S.E.P.C.
à Saint-Amand-Montrond (Cher)
en juillet 1992*

N° d'édit. : 13901. N° d'imp. : 1501.
Dépôt légal : mai 1992.

Imprimé en France